# 天と地の上で

## 教皇とラビの対話

著者
教皇フランシスコ／ラビ・アブラハム・スコルカ
訳者
八重樫克彦／八重樫由貴子

ミルトス

# 天と地の上で／目次

# 日本語版の出版社によるお断り

本書は、教皇フランシスコがブエノスアイレスの大司教で枢機卿の時代に、ユダヤ教のラビ、アブラハム・スコルカ師との間で交わされた対話集である。

原書の再刊に当たって、初版に一切修正を加えない条件で再刊が許可されたという。本書の中の発言は教皇になっても変わらないと認めた姿勢に、高い評価が与えられたと同時に、本書は教皇フランシスコの信条・信仰・人柄を伺うことのできる良書と見なされている。

初版（二〇一〇年）当時の著者名はホルヘ・ベルゴリオであった。日本語版においても、その名を使用するのが適正であろうが、本文中において対話の発言者の名を「教皇」に換えた点につき、日本語版の読者の了解をいただければ幸いである。

# かけがえのない経験としての対話

アブラハム・スコルカ

《神は彼らに言われた……》（創世記一章二八節）は、聖書に記された最初の対話である。創造主が語りかける唯一の被造物は人間だ。また「創世記」の物語を読むと、人は自然や同胞である人間、自分自身、神と関わる特別な能力を持っていることが分かる。

今述べた人の持つ関係は、それぞれ互いに独立して区切られたものではない。自然との関係は、人が自然を見つめ、そこに宿る神秘を認識するところから生まれ、同胞との関係は、相手に関心を持ち、共に行動する経験の積み重ねから生まれる。神との関係は、人がそういった自然や同胞との関係を育むと同時に、内面の最も深い部分で、自分自身との対話ができるようになった結果、生まれるものである。

真の対話には相手への関心、理解が不可欠で、思考する存在である人間の本質がはっきりと表れる。文豪エルネスト・サバトは『人と宇宙』の序文で《人は遠方へと旅立つか、他者の知恵を求めるか、自然を研究するか、あるいは神を探し求める。ところが、やがて自分の後を追っていた亡霊が自分自身であったことに気づく》と述べている。

　言葉は他者との対話における伝達手段にすぎないが、発せられる言葉が同じであっても、意味まで一緒とは限らない。同じ社会で暮らし、同じ言語を共有していても、取り方次第で意味は大きく違ってくるものだ。よって対話では、相手の言わんとすることを理解し合う必要がある。

《人の息は主の灯《ともしび》、腹の底まで探り出す》（箴言二〇章二七節）。対話するとは、深い意味では、内面を照らし、明らかにすべく自分の心を相手の心に近づけることを指す*。

　真に対等なやり取りがなされたとき、人は他者との相似点に気づく。同じ問題、無数の解決、共通する願い……相手の心に自身の心が映し出され、両者に宿る神の息吹《いぶ》きが合流し、けっして揺るがぬ絆を共に築くことが可能となる。《三つ撚《よ》りの糸は切れにくい》（コレヘトの言葉四章一二節）という言葉のように。

　ベルゴリオ枢機卿と私の場合も、互いに歩み寄り、相互理解に至るまでに何度となく対話した。一期一会《いちごいちえ》のかけがえのない経験を積み重ねた結果、長い友情への道が敷かれたのだ。日取りと場所を決め、気兼ねなく会話する。話題はアルゼンチンの社会状況、国際情勢、目にした卑劣な行為や崇高な振る舞いといった日常のさまざまな出来事だ。まったく二人きりの対話ではあったが、そこにはたえず偉大なる存在が同席していた。その名をあえて繰り返す必要はないだろう。

いつしか各自テーマを持ち寄るのが習慣となった。

コミュニティー・センター（シナゴーグ）にある私のオフィスで会ったとき、私は部屋の壁にかかった額入りの文書を順番に説明した。高名なユダヤ思想家でラビ、アブラハム・ヨシュア・ヘシェルの手稿のところまで来ると、ベルゴリオはその隣にある額に目をとめた。何年か前、ユダヤ教の新年を祝う儀式に招かれた折、シナゴーグで彼自身が述べた祝辞だ。自ら綴り、署名した文書をひたと見つめるベルゴリオ。その辺に散らかったものを片づけながら、そんな彼の姿を私は黙って見守っていた。

あの瞬間、彼の脳裏に何が去来したのだろう？　私は異なる宗教間の対話を続けてきた証《あかし》、自分にとってかけがえのない文書を大切にとっておいたまでだが、一体彼にはどう映ったのだろうか？　興味をそそられたが、あえて問わなかった。ときには沈黙がすべてを物語ることもある。

それからだいぶ経って、大司教区本部のベルゴリオの執務室で会った日のこと。われわれは、スペイン語圏の詩人たちの作品に映し出される宗教的感情について話し合っていた。「全二巻のいい選集があってね。君に貸すよ。今、書斎から持ってくるので、待っていてほしい」と告げ、彼は部屋を出ていった。狭い執務室に一人残された私は、何の気なしに棚に飾られた写真を見やる。たぶん、どの人も彼にとってとても大切に違いない。そんなことを思いながら一つ一つ眺めていると、額に入った一枚の写真が目にとまった。いつだったたか、今日のように会った際、二人で撮ったスナップショット……。

衝撃で声を失うと同時に、あの瞬間の彼の沈黙の意味が理解できた。しかも、この本を出そうと決めたのは、その写真を撮った日のことだったのだ。

ユダヤ教のラビとして生きるとは、神との特別な約束を交わすことであり、神の戒律の枠組みのなかで暮らしていく信者以上に、法を教える側としての厳しい制約を強いられる。預言者たちと同様、孤独のうちに精神修養を成し遂げた後、自分の得たものを世に伝え、還元する責務を負っている。個のなかで熟成された精神的財産は、大勢の人々と分かち合って初めて意義を持つ。

ラビとして日頃、話し言葉に配慮する一方、書き言葉にも気を配り、表現を磨く努力を続けている。音声で発せられた言葉は、時間が経つと意味がぼやけ、ゆがんでしまうこともある。文字で記された概念は、文章という形で、多くの人の目に触れる。

そこで、本書の対話を始めるに当たり、ベルゴリオ枢機卿と私は次の二点で合意した。中心テーマは人間とその問題。自然なやり取りを心がけ、話し言葉を書き言葉に落とす。

われわれの対話が一冊の本になれば、そこには読者という参加者が加わることになる。内輪の対話が公の会話へと変わるため、リスクを覚悟で心を開かねばならない。けれども、他者との対話こそが、人間の知性を育む唯一の道で、それによってさらに神へ一歩近づけるものと、私は確信している。

＊息とは「創世記」（二章七節）で神が人に吹き入れたものを指す。魂とも霊とも訳されるが、ここでは「心」と解釈されている。

# 歩み寄りの鑑としてのレリーフ

ホルヘ・ベルゴリオ

以前、ラビ・アブラハム・スコルカは、私のインタビュー集の序文で、ブエノスアイレス大聖堂の正面を彩るレリーフについて触れている。ヨセフと兄弟らの再会。積年の空白を埋める抱擁の瞬間。涙にむせび、「父上はご無事ですか？」と尋ねたかもしれない。この場面をアルゼンチン共和国の国家統一のさなかに選んで刻んだのには、それなりの理由があるはずだ。国民同士の再会、〝歩み寄りの文化〟の実現を願ってのことではないだろうか。これまで何度となく述べてきたが、われわれアルゼンチン人にとって、この〝歩み寄りの文化〟を実現させるのは容易なことではない。過去の歴史がもたらした断絶や対立に傾きがちだからだ。その意味では、橋を架けるよりも壁を築くほうを重視してきたとも言える。再会の場面を描いたレリーフのような、抱擁や感涙、父の安否を問う姿勢、残された遺産や祖国のルーツを問う姿勢に欠けている。つまりは対話が不足しているのだ。

だが、本当にアルゼンチン人は対話を好まないのか？　私にはそうではなく、むしろ対話を成り立たせなくする姿勢が要因に思えてならない。何らかの優越感、黙って他人の話を聞けない、疑念、偏見……ほかにも理由はあるだろう。

真の対話は、他者への敬意、相手がよい話をもたらしてくれるという信頼から生まれる。言い換えれば、相手の物の見方や意見、提案を受け入れる余地があるということだろう。対話に必要なのは温かな受容であって、先入観による決めつけではない。対話を成立させるには、こちらのガードを緩め、家に迎え入れ、真心をこめてもてなすことを覚えなければならない。

日常生活は対話を妨げる障壁にあふれている。不正確な情報、噂、偏見、誹謗《ひぼう》、中傷。それらセンセーショナリズムが他者との関わりの機会を阻んでいることは言うまでもない。そうやって歩み寄りや対話はつまずかされているのだ。

にもかかわらず、レリーフは今日もなお、大聖堂正面からわれわれを誘《いざな》っている。

ラビ・スコルカと私は有意義な対話を繰り返してきた。どのように始まったのか、今となっては定かでないが、互いのあいだに何の壁も遠慮もなかったとだけは確実に言える。それは偽りのない彼の気さくな人柄によるところが大きい。ひいきのサッカーチーム、リーベルが負けた後、「めんどり*の煮込みでも食べに行こうか」とからかっても、笑って許してくれるほどだ。

これまでしてきた対話のいくつかを出版したいと言われた際、考えるまもなく私の口から承諾の返事が出ていた。何の疑問も持たずに同意できたのは、長年にわたる二人の会話が互いの友情をより強固にしただけでなく、信仰の違いがあっても、共に歩んでいかれるという実例だったからだと思う。

スコルカの前で、カトリック教徒としてのアイデンティティーを笠に着ることはなかった。それはユダヤ教徒である彼も同じだ。互いへの尊敬の念もさることながら、両者の対話が異なる宗教間の対話であることも自覚していたからだろう。われわれの挑戦は、尊敬と愛情の念をもって、より完璧なものを目指し、神の御前《みまえ》を共に歩むことだった。

本書はその道のりを証するもの、私にとってスコルカは親友で、兄弟のような存在でもある。さまざまな考察を繰り広げるあいだ、互いに心の目であのレリーフを、歩み寄りの鑑《かがみ》として約束の地のごとく見つめていたに違いない。

＊「めんどり」には臆病者、腰抜けの意味もある。コパ・リベルタドーレス（南米クラブチーム王者を決める選手権）一九六六年大会の決勝で惨敗したアルゼンチンの名門リーベル・プレートに、他チームのサポーターたちがつけた不名誉なあだ名。

# 天と地の上で

# 第1章　神について

ラビ　知り合って何年にもなりますが、その間、われわれは兄弟も同然の友情を培ってきました。

タルムードをひもといてみると、ある箇所では、友情とは食事、時間を共有することとし、ついには真の友情は相手に対し胸の内にある真実をさらけ出せることだと結んでいます。われわれのあいだで育まれてきたのもまさにそれですが、仲を取り持ったのは紛れもなく神で、今も二人をつないでいる。互いの道を交差させたのも、心に宿る真実を引き出したのも神の存在だったと思います。

これまで何度も顔を合わせては、日々の出来事について話し合ってきましたが、その場に神が居合わせていることは感じていても、神について論じたことは一度もありませんでした。本対談の証人としても、また、われわれの存在に大きく関わるという点でも、初回に神について語るのはよいことではないでしょうか。

**教皇**　道という言葉は何ともいい響きですね。

神との個人的な体験を語るのに、道は不可欠な要素です。人生という名の道の途中で神と出会う。単に歩んでいる場合もあれば、自ら探し求めてのこともある。人によっては神のほうからやって来るのを待っているかもしれません。

いずれにしても二つの道が交差する。一方は人間の道、すなわち本能に駆られ、心のおもむくままに神を求める側の道。ところが、実際に出会ってみると、神のほうがずっと前からその時を待ち構えていた、実は先手を打たれていたと気づきます。

宗教体験の始まりは道を歩むことであるとも言えるでしょう。《わたしが示す地に行きなさい》（創世記一二章一節）とは神がアブラハムにした約束ですが、この道のりで契約が交わされ、その後、幾世紀にもわたって、より強固なものとなっていきます。

私の個人的な体験、神との出会いもやはり道の途中でした。私が神を探す道、神が私を探す道のね。苦悩の道、喜びの道、光の道、闇の道、さまざまな道があるでしょう。

**ラビ**　今あなたがおっしゃったことは、聖書のあちらこちらに見受けられるものですね。たとえば、神がアブラハムに《あなたはわたしの前を歩き、全《まった》き者であれ》と告げる場面（創世記一七章一節）や預言者ミカがイスラエルの民に《公義を行ない、誠実を愛し、へりくだってあなたの神と共に歩むこと》と神の願いを伝える場面（ミカ書六章八節）。

神との出会いは疑うまでもなく〝動的〟なもの。お互い精密科学を学んだこともあって[*1]、ついこのような言葉が出てしまいますが。しかし、今のように神の概念が著しくゆがめられ、品位を下げられ、乱用される時代、人々にどう説明したらいいものでしょうか？

＊1　スコルカは化学博士、ベルゴリオは化学技師でもある。

**教皇**　すべての人に伝えたいのは、何よりも自分の内面をもっと掘り下げるということ。注意力が散漫になるのは内面が破綻しているからであり、それゆえに自分自身を見出だせない、心の鏡を見られない状態に陥る。結局のところ、自分を見つめられるかどうかが鍵で、神との対話もそこから始まります。

自分は神を知っていると言い張る人がいますが、そうではありません。神と出会い、神の側面を知るためにも、ぜひ自分の内面を見つめる機会を持ってほしい。

私はヨブの言葉《私はあなたのことを耳で聞いていました。しかし今、この目であなたを見ます》（ヨブ記四二章五節）が好きです。何の解決にもならない数々の苦悩と対話の末に口から出たものです。

噂で聞いただけでは神を知っていることにはならない。そう現代人に伝えたいですし、自分の心のなかの神を自分の目で見すえてもらいたいと思います。

**ラビ**　「ヨブ記」は偉大な教訓を与えてくれます。一言で言えば、個々の行動のなかに神がどのような形で現れるか、それはわれわれには知ることができないと示しているからです。

潔白で正しい人だったヨブは、どうして自分が健康から何からすべてを失ったのかを知りたがる。友人たちは彼が罪人だから神に罰せられたのだと説く。しかしヨブは、仮に罪を犯していたとしてもそれほど重くないと応じる。やがて神が現れ、ヨブの心は落ち着く。

答えが出たわけではなく、得られたのは神の存在のみですが、この物語は私なりの神の感じ方を語るうえでさまざまなものを導き出してくれます。

第一に、友人たちは〝おまえが罪を犯したから神が罰した〟という理屈を振りかざし、ヨブを責めることで尊大さと愚かさに陥った。神を単に称賛か罰するだけの存在に貶《おとし》めたからです。物語の終わりで神について間違った解釈をした友人たちの執《と》り成しのために、仲介役となって祈るよう神はヨブに命じます。創造主の不公正を何度となく非難した彼にです。声を大にして天の公正な裁きを訴えたヨブの姿は、神にはさぞかし頼もしく見えたに違いありません。一方、神の本質をもっともらしく説いた友人たちは、神から嫌悪された。

ここでの神はとても精緻《せいち》なやり方で啓示を与えている気がします。われわれが今抱えている問題は、未来の人々の答えになるかもしれないということ。ひょっとすると、過去の何らかの問題の答えが現在のわれわれなのかもしれません。

ユダヤ教において神を崇めることは、神が示した掟を果たすことでもあります。先ほどあなたがおっしゃったように、われわれ一人一人、各世代が築くべき道で、探求を通じて神の存在を感じるものです。

**教皇**　そのとおり。人間は創造力という天賦の才を授けられています。与えたのは神ですが、同時に地を支配するという使命も課せられた。そこに〝反文明〟の原形が生まれます。人間が受け取ったのは木を切って丸太でテーブルを作るなど、文明を発展させるために利用する資源です。けれども人間は度を越し、尊大になって、自然への敬意を失った。その結果、環境破壊、地球温暖化といった問題を発生させてしまいました。これも〝反文明〟の新たな形でしょう。

神の前でも自身の前でも、天賦の才と仕事のあいだに一定の緊張状態が保たれるべきです。才能を与えられたのに仕事をしないと、使命を達成せず原始に逆戻りしてしまいますし、仕事に没頭しすぎると、才能は天からの授かりものであることを忘れ、すべて自力で成し遂げたとうぬぼれる、ゆがんだ達成感に陥ってしまう。私はそれをバベル症候群と呼んでいるのですが。

**ラビ**　バベルの塔に関して、ラビ文学では次のような問いがあります。一体何が神の気分を害したのか？　なぜ建設を阻《はば》み、言語を混乱させたのか？

文章を文字どおりに捉えた一番シンプルな解釈は、天に届く建築物を造ろうとする行為自体が、異教信仰の一端であったというもの。つまり神に対して尊大な態度をとったということです。ミドラッシュ[*2]には、建設者たちが塔を造る際、高所から人が落ちることよりもレンガを一つ失うほうを重視したからだと記されています。

先ほどの天賦の才と仕事の例と同じ。両者のバランスが完全でなければならないのは、今日でも変わりません。人間は進歩していくべきですが、それは真の人間になるためです。あらゆるものの種をまき、創り出したのは神ですが、物質的なものの中心、最良の創造物は人間なのですから。今の時代、経済上の成功ばかりがあまりに重視され、すべての人の幸福は完全に軽視されている感がありますね。

＊2　ミドラッシュ：ユダヤ賢者による聖書の字義どおりでない解釈「デラーシュ」と、そこから生まれた文学ジャンルの一つ。

**教皇**　今おっしゃったことは実にみごとです。

バベル症候群にはゆがんだ達成感だけでなく、言語の混同も現れる。天賦の才を無視して仕事を過大視すれば、当然生まれる傾向です。顕示欲に駆られた成功主義に陥ると、概して対話に欠け、攻撃的になったり、情報の隠蔽《いんぺい》が行なわれたり、それがもとで事態が紛糾する……。

ほぼ同時期に活躍した二人の賢者、マイモニデスと聖トマス・アクィナスの著作を読むと、いずれも反対意見を持つ者の立場になって考え、理解しようと努めています。反対なら反対なりに対話が成立するのは重要なことです。

**ラビ**　タルムードの解釈に基づくと、ニムロド〔地上で最初の勇士、バベルの塔と結びつけられる王の名〕はバビロニアの独裁者で、すべてを手中に収め、自分の話す言語を人々にも強いていた。おそらくは神に近づくという傲慢さから、この暴君は天に届く塔の建設を命じたのでしょう。自らの権力誇示のためで、人間のためではない。すべての人が快適に暮らせるようになどとは考えてもいません。下った天罰は、独裁者が強いた専制的な言語を建物と共に崩壊させ、それぞれが自分の言語を持つことでした。

この物語は今でも十分通用する教訓だと思います。

# 第2章　悪魔について

**教皇**　悪魔とは、神学では神の計画を受け入れないことを選んだ存在とされています。主の創造物の傑作が人間であると認めずに反発した天使たちがいた。悪魔はその一人です。

「ヨブ記」では、神の偉業を破壊しようとする者、人間をうぬぼれ、尊大さへと向かわせる誘惑者として登場しています。イエスは悪魔を偽りの父と定義していますし、「知恵の書」では、悪魔が神の似姿として造られた人間を妬んだせいで、この世に罪がもたらされたと語られています。

悪魔がもたらす実は、つねに破壊、対立、憎悪、中傷です。個人的には、神が私に求めていないことをしたくなったとき、そそのかされていると感じますね。そう考えると、やはり悪魔は存在するのだと思います。逆の見方をすると、今の時代において悪魔の最大の収穫は、悪魔などいないとわれわれに信じ込ませたことではないでしょうか。つまり、完全に人間だけで何もかも解決できると思わせた。

《地上の人には苦役があるではないか》（ヨブ記七章一節）とヨブが言っていますが、要するに、人はたえず試されているということでしょう。自分の置かれた状況を克服し、人間として進歩する。聖パウロはそれを競技者になぞらえ、競技場で勝利を収めるためにあらゆるものを自制すると述べています。キリスト教徒の生き方も、ある意味で、競技者に近い気がします。われわれを神から引き離すものを取り除かねばなりませんからね。

それはともかく、悪魔そのものと悪魔に憑《つ》かれた人や物を区別する必要があるでしょう。人間は誘惑に陥りやすい存在ですが、だからと言って、何でもかんでも悪魔のしわざとは言い切れません。

**ラビ**　悪魔に関するユダヤ教の考え方は非常に幅広く、神秘主義のなかには、悪の力が存在するかのように、〝別の力〟と呼ぶものもあります。

「創世記」では蛇の姿で現れ、神に抗《あらが》うよう人間をそそのかす悪の力として解釈されますが、「ヨブ記」の悪魔は「民数記」でバラムの前に登場するのと同様、神のもう一つの側面を表しているという印象も受けます。

「ヨブ記」に出てくるサタンは、何不自由ない生活をしている者が神に感謝している姿を見たとき、われわれの意識に浮かぶ疑念を神に表明します。あなたがすべてを祝福したのだから感謝しないわけがない。あなたがすべてを打っても同じように感謝するだろうか？

一方、イスラエルの民を呪《のろ》う目的でモアブ王バラクに招請されたバラムの場合、神はバラムがモアブ王のもとへ行くことを一度は許可しておきながら、それを阻《はば》もうと行く手に立ちふさがる（民数記二二章）。

創造における善と悪を語る際、私が一番納得いくのは「イザヤ書」の一節（四五章七節）。神は光と闇を創造し、平和と災いを生み出す存在であると記されている箇所です。ここの解釈はかなり複雑でしてね。闇は闇自体で存在するのではなく、光の不在によるもの。悪も悪自体で存在するのではなく、現実から善を取り去ることで存在するということです。

私には天使や悪魔というより本能といったほうがしっくりくる。外的な要素というよりは、人間の内面に宿った、神に挑む本能と捉えるからです。

**教皇**　カトリック神学にも悪を内的な要素とする見方があり、原罪後、人間の本性が堕落したためと説明されます。ですから、本能という言い方に同感です。不適切な行為を悪魔のせいにばかりできないという意味でも。

性格あるいは〝本能〟が外部からの誘惑に刺激されやすい、そんな人が悪事を働く例は多いです。福音書でイエスは砂漠での四十日間の断食と祈りを始めた矢先、サタンの誘惑に遭います。この石にパンになれと命じろ、神殿から飛び降りてみろ、ひれ伏して自分を拝むならこの世のすべてを与えると持ちかける。つまり、悪魔は断食という外的状況につけ入って、イエスをヤハウェの僕《しもべ》としての使命やアイデンティティーから遠ざけ、自分自身に執心させる（自己満足、虚栄心、傲慢さという）〝完全無欠の打開策〟をちらつかせているのです。

**ラビ**　これまでの話はわれわれが神聖なものとしている文書の解釈、さまざまな考え方によるものですが、最終的に悪を受け入れるかどうかは、個人の意志にかかっています。

本能なのか悪魔なのかはわかりませんが、われわれの前に挑むように立ちはだかるものがあることは確かです。それは、本人がどこまで自制できるか、悪いものを取り除けるかを試すもの。悪がわれわれを操ることはできません。決めるのは自分自身です。

**教皇**　まさにそれこそが、人間の地上における戦いだと言えるでしょう。

# 第3章　無神論者について

**教皇**　無神論者と会ったときには、人間の問題について話し合うようにしています。最初から神の問題を持ち出すことはありません。先方から切り出された場合には、なぜ私が神を信じているかを述べますが。

人間の問題は共に語らい、行動するのにとても有益な話題です。互いの資質を補完し合うことができますから。私はキリスト教徒なので、それらの資質が神から授かったものの一つだと知っています。そのことを相手、つまり無神論者が知らないことも知っています。

だからと言って、回心するよう説き伏せる気などありません。相手の立場を尊重したうえで、私はありのままをさらけ出すだけ。互いに分別がある限り、相手に対する評価や愛情、友情はおのずと現れてくるものです。

無神論者であることを非難も、あてこすりもしません。他者の誠実さを裁く権利など私にはありませんし、人間的徳のある人物ならなおさらです。人を豊かにするそれらの徳は、私にもよい影響をもたらしてくれますから。どちらかと言うと、無神論者よりは不可知論者のほうが知り合う機会は多いです。違いは神に対して後者は懐疑的、前者は確信を持っている点でしょうか。

いずれにせよ、われわれは一貫して聖書のメッセージに忠実でなければなりません。神を信じていようといまいと、すべての人間は神の姿に創造されたのです。ただそれだけで、人間には徳や資質、偉大さが備わっている。私を含め卑しい部分がある者も、互いに協力し合うことで、そういう部分を克服していけます。


**ラビ**　相手に敬意を払うことが第一歩である、まったく同感ですね。

一つだけ加えるとすれば、「私は無神論者だ」と主張する人は多少尊大な態度をとっているということ。その点、疑いを持つ人のほうが視野はより広いと思います。不可知論者が答えを出していない状態であるのに対し、無神論者は神がいないと百パーセント確信しているわけですから。もっとも、たとえば今、私が座っているこの椅子のように、神は存在すると断言してしまう人も、神を否定する人と同様の尊大さを持つことになりますが。

われわれ宗教家は神の存在を信じているわけで、判断しているわけではありません。内面の深い、深い部分で神との出会いを感じても、具体的に姿を目にすることはなく、微妙な答えを受け取るのみ。トーラー（モーセ五書）でも、まともに神と対面し、対話したのはモーセだけで、ヤコブやイサクといった他の者に対しては、夢や御使《み》いとの出会いのなかに現れています。

どんなに私が信じていても、確信を得たかのように神は存在すると断言するのは尊大な行為です。かと言って、うわべだけで確約することもできません。無神論者に対して謙虚さを求めるのであれば、こちらも謙虚であるべきですから。明らかなのは、マイモニデスの十三の信仰箇条にもあるように、私は《全き信仰を以て神が創造者であることを信ず》ということ。マイモニデスの流れからいくと、〝神は○○ではない〟とは言い切れても、〝神は○○だ〟とは言い切れない。神の特質や属性を語ることはできても、具体的な形を与えることはできない。

それを踏まえると、無神論者には、自然界には完全なる秩序があり、われわれに何らかのメッセージを送っている、その形や仕組みをある程度知ることは可能だが、本質を知ることはできないと説明することになるでしょうね。

**教皇**　神との出会いという霊的体験は、人間にはまったくコントロールできません。神がいると感じ、確信が持てても、神に対し人間の側からコントロールできるわけではないのです。人間は自然を支配するために創造された、これは神の命じたことですが、創造主に対しては人間がどうこうできるものではない。そのためだと思いますが、神との体験においてはつねに何らかの問いかけ、信仰に身を投じる余地が残されている。

あなたの説明どおり、われわれは〝神は○○ではない〟と言うことや神の属性について語ることはできます。しかし、〝神とは○○だ〟とは言い切れません。

そのことを踏まえたうえで、どのように神を語るかはキリスト教神学における重要な鍵です。それについてはイギリスの神秘主義者たちがかなり論じています。『不可知の雲』という十四世紀の本がありますが、あらゆる方面から神を言い表そうとしても、結局は〝神は〇〇ではない〟になってしまう。神学の役割は宗教的な事柄の説明や考察で、神についても含まれますが、神の属性や特質ばかりでなく、〝神は〇〇だ〟〝神は〇〇だった〟と明言している神学は、尊大だと言えるのではないかと思います。

「ヨブ記」は神の定義の連続論争のようなもので、四人の賢者が神学上の探求を展開し、最終的にヨブの言葉《私はあなたのことを耳で聞いていました。しかし今、この目であなたを見ます》に行き着く。ヨブの神に対するイメージは、初めと終わりではまったく異なるものになっています。この物語の意図は四人の仮説がどれも正しくないと示すことなのです。

人は神をつねに探し求め、神と出会っている。神と出会うために神を探す、なぜならば神と出会った者は神を探し求めるから。非常にアウグスティヌス的なパラドックスですが。

**ラビ**　私自身は、全き信仰をもって神が存在することを信じています。神はいないと確信し、あらゆる疑問を排除する無神論者と違うのは、信仰という言葉を使うことで、不確実な余地を残しているところです。

われわれは実存の不安を抱えているため、神を必要としたのだというフロイト説に少々惹かれた時期もありましたが、神の存在を否定する態度を調べるうち、むしろ神の存在を信じるようになりました。

数学理論ではなく実存の問題ですから、疑念の余地を残しておいてもよいのでは。もちろん数学理論にも疑念は存在しますが。ただ神について考える際には、日常の論理からではなく、特別な領域で考えざるをえません。マイモニデスはそう述べています。

不可知論者は、有名な「全能の逆説」《神が全能であると言うのならば、神自身が持ち上げられない石だって作り出せることになる。もっとも、そのような石を作り出すとすれば、神が全能ではないことを意味する》を持ち出すかもしれません。しかし、神はあらゆる論理や矛盾を超えたところに存在するものです。

マイモニデスいわく、《神は完全な形でものごとを把握しているが、われわれの知識には限界がある》。確かに、人間が神と同じ知識を持っていたら神になってしまいますからね。

# 第4章　宗教について

ラビ　各々の人間と神との関係は唯一無二のもの。生き方や好み、経験も人によって違うわけですから、当然神との関係や対話もそれぞれです。世のなかには、神との対話を助けるさまざまな宗教が存在します。「なぜそんなに多いの?」と思う人もいるかもしれません。その答えはそれだけいろいろな経験があるからでしょう。個々の経験が共通項で結ばれ、一つの宗教として形作られる。

　ユダヤ教の場合、何千年も続いていますから、古代の視点で解釈しなければなりません。古代ローマでは、宗教、国家、民族が区別され、多宗教、多民族、多人種が内包されていましたが、ローマよりもはるか昔から存在するユダヤ教では、それら三つは切り離せないものでした。ルツがナオミに《あなたの民は私の民、あなたの神は私の神です》(ルツ記一章一六節)と言ったように、ユダヤの民であることはユダヤ教徒であることを意味します。

　一方、ユダヤ教には選ばれた民という誤解を招きやすい概念があります。アブラハムが神と出会い、両者のあいだで契約が交わされ、アブラハムはそれを果たす代わりに子孫の繁栄を約束されます。契約の本質は、人間社会に神の存在を証明するため、神がユダヤの民に示す戒律で定められた道徳を遵守することでした。

アモスが神の御告《みつ》げとして《わたしは地上のすべての部族のなかからあなたがただけを選び出した。それゆえ、わたしはあなたがたのすべての咎《とが》をあなたがたに報いる》（アモス書三章二節）、また《イスラエルの子らよ。あなたがたはわたしにとってエチオピア人のようではないのか。わたしはイスラエルをエジプトから、ペリシテ人をカフトルから、アラムをキルから連れ上ったではないか》（同九章七節）と言っているように、われわれユダヤ人は何か特別なことのために神によって選ばれた民。神との契約を代々更新することを運命づけられた民族です。

残念ながらユダヤ人を憎む者たちは、われわれが自分たちを〝優れた人種〟だと思い込んでいるとゆがめて解釈しています。それはユダヤ人を〝劣等人種〟、アーリア民族を優等であると考えたナチスの定義の焼き直しにすぎません。

キリスト教では〝イスラエルの民〟の概念を、ユダヤ教を信奉するすべての人々と広げましたね。

**教皇**　神は自らの存在を一人一人の心に感じさせると同時に、民族それぞれの文化を尊重します。各民族が自分たちの育んできた文化を基に、神の概念を作り上げ、余分なものをそぎ落とし、一つの思想体系を構築する。より原始的な現れ方をしている文化もあるでしょう。しかし神はあらゆる民族を受け入れ、すべての人に呼びかけ、神を探し求めるよう、被造物を通じて神に出会えるよう導いています。

ユダヤ教とキリスト教に属するわれわれの場合、神の啓示が個々人にもたらされることもあります。神のほうからわれわれに近づき、何らかの意志を示し、道を示し、同伴する。その際、神自身が名乗ることもあれば、預言者を介して伝えてくることもある。最終的にキリスト教徒はイエス・キリストに証し、身をゆだねることになります。

一方、長い歴史のさまざまな状況下で、東西教会の分裂（一〇五四年）、西方教会の教会大分裂（一三七八～一四一七年）をはじめとする教会分裂を何度も繰り返し、さまざまな教派ができました。宗教改革後、それぞれ違った形のキリスト教を信仰するようになり、宗教的対立から三十年戦争（一六一八～一六四八年）が勃発、別々の道を行くことに。何とも辛く恥ずべきこととはいえ、それが現実です。にもかかわらず、神は辛抱強く待ちつづけています。

神は人を殺《あや》めません。人が神の代弁者をよそおって同胞を殺めるのです。神の名の下に殺すのは、冒瀆《ぼうとく》以外の何ものでもありません。

**ラビ**　他の宗教も自分たちと同じように、純粋かつ誠実に人々を神に近づけようと実践している。なのに、どうして自分たちとは違う宗教を信じる者たちを悪く言うのでしょう？

完全に真理を理解しているのは自分だと主張し、他者の行動を裁いてばかりの者は、たいてい非常識な異教的信条を振りかざしている。異教は聖書文学の中心テーマでもあります。

余談になりますが、古代イスラエル王国では、贖罪の日に雄山羊《やぎ》二匹をいけにえとして捧げていました（レビ記一六章）。タルムード（ヨマー項６・１）によると、二匹の山羊はできるだけ似たものにしなければならず、一匹は神に捧げ、もう一匹はイスラエルの民の罪を全部負わせて砂漠に放されました。

こう言うと決まって「なぜ神にいけにえが必要なのか」と訊かれます。マイモニデスは『迷える人々への手引き』で、儀式は神に感謝しながら行なわなければならないと述べています。人間をいけにえにしないという制限を設けて、人間が神に近づける機会を与えてくれたことに感謝せよと。人間の感情がいけにえによる贖いの行為を必要としているので、神がそれを規定したわけです。

話を元に戻すと、贖罪の儀式について調べていた際、なぜ二匹の山羊が同じものでなければならないのか、と疑問に思いました。私が行き着いた答えは次のようなものでした。よく別の品物をまったく同じ包みで覆うことがあります。神の名の下で何かを語ることや、純粋さや高尚な精神という衣を身にまとうことにも当てはまるのですが、外見は同じでも、一方からは悪いものがにじみ出ている。異教的なものと純粋なものは紙一重であることが多い。宗教儀式の技法を悪用し、大衆の不吉な情熱に火をともした二十世紀の出来事とは、神をないがしろにする行為だったと考えざるをえません。

**教皇**　神の名の下に行なわれる殺人は、宗教的体験をイデオロギー化する行為です。それが起こると、決まって神の名を騙《かた》る神格化された権力が台頭、汚職政治が蔓延《まんえん》します。実行するのは自らを神、あるいは天啓を受けた者と見なす連中です。

二十世紀には民族による民族の大量殺戮が行なわれましたが、それも自分たちを神と見なしたからです。トルコ人がアルメニア人を、スターリン主義者らがウクライナ人を、ナチスがユダヤ人を殺める。人を殺すために神の啓示を受けたかのような演説を繰り返す。その実体は、過剰な自尊心をあおって殺人へと仕向ける、洗練された手段です。

イエスが律法の二番目に挙げたのが《あなたの隣人をあなた自身のように愛しなさい》ですから、いかなる信者も信仰心をわが身や家族、自分の町や部族といった狭い範囲に限ってはなりません。むしろ他宗教の信者や無神論者にこそ手を差し伸べるべきでしょう。

この件について聖書はみごとに言い表しています。「アモス書」（二章六〜七節）で、預言者アモスが兄弟に対し不正を働く者、貧しい者や弱い者を救いもせず、神の前に連れていきもしない者たちを痛烈に非難している場面や、「ルツ記」（二章）で、よそ者のルツに対し、ボアズが畑の〝落ち穂拾い〟を許した場面。寄留者や未亡人、孤児のために、畑の穀物を全部取りつくさないで残しておく、収穫漏れや忘れもの、落ち穂を取りに戻ってはならないと定められていた（レビ記一九章九〜一〇節、二三章二二節、申命記二四章一九節）のです。

**ラビ**　聖書が説いているのは、人類はみな最初の人間の子孫であるという概念です。言い換えれば、すべての人は兄弟愛でつながっているということです。

人はけっして他者に無関心であってはならない。聖書は丸ごと、人間に対する叫びに思えてなりません。神や隣人、霊性をないがしろにするな。そうでなければ、宗教の社会的役割は何なのか？　と。

**教皇**　イエスが挙げた二つの律法に話を戻します。一方は《心を尽くし、精神を尽くし、思いを尽くして、あなたの神である主を愛しなさい》。他方は《あなたの隣人をあなた自身のように愛しなさい》。「この二つに全律法が含まれている」とイエスは言っています。そのことを基に考えると、聖堂内で説かれる教えは、聖堂の外に出てもつねにつきまとうものになります。たとえば、神を崇拝し、称え、信仰するのは日常的に聖堂内でなされる行為ですが、社会のなかで宗教が果たすべき役割として、外でなされる行為もある。身近な人々と一緒に神と対話し、共に歩む。やがて友愛の精神に基づく道徳的・宗教的基準が生まれる。そこには他者に対する接し方の規範となる「正義」が存在します。

真に神を敬う人は、神との出会いで隣人に正義をもって接するよう命を受けているはずです。隣人への正義は創造性に富んだもので、教育や社会制度、貧者や弱者保護を現実化させます。だから真の宗教家は誰にでも分け隔てなく公正に接する、正義の人と呼ばれるのです。

そういった点では、宗教家の公正さは文化を創り出すとも言えます。そこが代表者を生き神として崇拝するよう作られた偶像崇拝の文化との大きな違いです。ヨハネ・パウロ二世は《文化をもたらさない信仰は真の信仰ではない》という大胆な発言をしました。強調されたのは「文化を創ること」です。現代社会には別の形の偶像崇拝の文化がはびこっています。消費主義、相対主義、快楽主義などがその最たる例です。

**ラビ**　信仰とは他者といるから意味を持つもの。そうでなければ信仰ではありません。何のため、誰のために信仰するのか？　が本質的な問いです。

それで私は「神父もラビも、自分の足が泥だらけになるのを厭《いと》うようではいけない」と口癖のように言っています。聖堂は宗教的なものの一部にすぎません。人々の暮らしに根ざさない、生活を豊かにしないような聖堂では、「異教」になってしまいます。

**教皇**　「足を泥だらけにすべき」との考えには全面的に賛成です。

最近カトリック司祭のあいだでもスータン（司祭平服）姿を見かけなくなりましたが、叙階直後の神父が着ていたところ、ベテラン神父が注意したことがありました。「スータンを着てはまずいですか？」と問う若輩者に対する熟練者の答えは実に賢いものでしたよ。「着ること自体は問題ない。問題は人々のために奉仕すべきときに、スータンが汚れるのを気にせずにいられるかどうかだ」

**ラビ**　宗教は動的なもので、硬直しないようにするには、たえず外部と接していなければなりません。宗教においてつねに変わらないのは価値観だけです。すべての文化は神、人間、自然の三つをどう捉えるかという問いを土台に生まれます。

　ユダヤ教では神は永遠の存在、人間は神の最高の創造物、自然は無から創造されたものと捉えています。ユダヤ思想は、神々の系譜や数々の神話、神々の争い、オリュンポス後に人間が少しずつ出てくるギリシア・ローマ思想とはまったく異なります。なかでも斬新だったのは、唯一神、完全に霊的な存在としての神という考え方ではないでしょうか。次いで、神の啓示（人間とりわけイスラエルの民の前に神がいかにして現れたか）、さらに時代が下って、神の教えを包括的な形で記した集大成とも言うべき書物トーラーが現れる。ユニークなのは、この書物が必ずしも絶対的なものではなく、時代時代に即したある種の疑問の余地を残している点でしょう。

　タルムードを学び、分析していくと分かるのですが、トーラーに記されたさまざまな掟の解釈はラビによって異なります。そのためユダヤ教においては、たえず発展や見直しがなされる。ここで今一度強調したのは、そんななかでも不変のもの、変えられない公理があるということ。それが価値に相当するものです。

先ほどの包みの話に戻ると、礼拝で発する言葉のみを重視し、儀式の進め方にとらわれすぎると、結局は外見ばかりに目が行ってしまう。もちろんこれらが重要なのは確かですが、真の意味での正義、誠実、愛を伴った生き方と結びついていないなら、見せかけです。中身がないのに美しい包装紙で飾っている状態ですからね。

ハシディズム*のラビがこんなふうに述べています。《私は父がしていたことを踏襲しているので、根本的には同じ価値観だ。しかし父は父、私は私。父の人生経験の一部は役に立つが、しかしそれはあくまで一部にすぎない》。

＊ハシディズム：十八世紀ヨーロッパで生まれたユダヤ教復興運動。神秘的要素も含まれ、祈りや踊り、語り、伝承などを通じて信仰心をよみがえらせることをした。

**教皇**　われわれキリスト教徒の場合も、信仰の本質はやはり先人、すなわち使徒たちの証言にあります。三世紀から四世紀にかけて神学的な形で信仰的真理が確立され、不変の遺産として後世に受け継がれていきます。その間、真理について何の研究成果も得られなかったわけではありません。イエスとはどんな人物だったか、教会はいかにして成り立ってきたか、キリスト教徒としてどうあるべきか、律法とは何か……それらはのちの解釈によって次第に豊かになってきたものです。

賛否両論の部分はあっても、核となる遺産に議論の余地はありません。信仰は人間的な思考によって深めることができますが、宗教の根幹をなす遺産と衝突するようなら、その信仰は異端だということです。

いずれにせよ、宗教が時代と共に洗練されていくのは紛れもない事実です。とりわけ代々受け継がれてきた部分（神聖さを伴う遺産）に関しては、急激に変わらないのも現実です。この件については、われわれは慎重であるべきだし、当然、他の宗教に対してもっと早く変えるべきだなどと口出ししてはなりません。

受け継がれた遺産や啓示の理解について、ある中世の神学者は《あらゆる進歩の鉄則、すべての成長の定石は、受け継いだ遺産が時の経過とともに育ち、歳月とともに強固となり、時代に即した発展をしていくことである》と言っています。過去の遺産に基づいて現代の問いに答えようとすると、時間を要するのはやむをえません。特に良心の問題であればなおさらです。自分の経験を振り返ってみてもわかりますが、私が幼い頃、再婚しない限り離婚者の家には足を踏み入れないというのが慣例でした。現在では時代が変わり、教皇本人が再婚者に対して教会での活動、地域での慈善活動に参加し、祈るよう求めています。教会の決まりの枠外にいるかもしれないが、彼らが洗礼を受けた事実まで消し去るようなことはしないということです。

教会が社会の急速な変化に対応できていないという非難はもっともだと思います。しかし、神の声を求める教会の指導者たちが答えを見出だすのに時間がかかるということも、ご理解いただきたい。事によっては、経済や文化、地政学に関わる利害に抵触する恐れもあり、そのあたりの区別がきちんとなされないと大変なことになってしまうからです。

# 第5章　宗教指導者について

**ラビ**　宗教指導者を志す人にとって重要な鍵となる言葉は召命である。この見解には、おそらく同意していただけると思いますが。召命がなければ元も子もありませんからね。

あなたがよく使われる〝伝統〟とも相通じるものがありますが、神に奉仕するという召命は深い内省の末に生まれます。自身の探求や他者とのつながり、あるいは自然から感じるメッセージ。進路を考える思春期に起こるそれらの出会いを通じて、人は神の霊的な側面を見出します。その結果、神との合意という最良の決心をするのです。

ひとたび精神指導者になるという召命に向かい出したら、他者との関わりを通じて神に仕えていきます。「創世記」にあるように、神は自分の姿に似せて人間を造ったわけですから。他者を見るとき、そこに神も見なければならない。単なる理論ではなく、実践に移すのが肝心です。

それとは別に、長年教育者として働くなかで、宗教指導者の育成には相当配慮が必要だということも突きつけられています。

残念ですが、霊性をないがしろにし、信者を破滅へと導くために指導者となる者が後を絶たないことは、近年の歴史が証明しています。ウェーコ事件[*1]や人民寺院事件[*2]もその現れです。救世主と名乗るような宗教指導者には、警戒すべきでしょう。

＊1　ウェーコ事件：一九三三年二月、米テキサス州ウェーコにあるカルト教団ブランチ・ダビディアンの本部をATF（アルコール・タバコ・火器及び爆発物取締局）が強制捜査。教団の抵抗に遭い、捜査官四名、信者六名が死亡、教団は本部に籠城した。捜査を引き継いだFBIが同年四月に強行突入、攻防の末、火災が発生して本部が焼け落ち、教祖を含む八一名の死者を出した。

＊2　人民寺院事件：一九五五年に米インディアナ州インディアナポリスからガイアナに移り、ジョージタウンを建設したカルト教団人民寺院には、信者への暴行や強制労働の疑惑が絶えなかった。七八年十一月、米国からの視察団を信者が襲撃（議員や報道関係者ら五名死亡、一一名重軽傷）した後、集団自殺を図り、全信者の九割に当たる九一四名が死亡した。

**教皇**　ユダヤ教やキリスト教の伝統では召命という言葉が鍵となる、まったく同感です。《アブラハムよ、国を出て、親族に別れ、父の家を離れ、わたしが示す地に行きなさい》と「創世記」（一二章一節）にあるように、神は決まって人に呼びかけ、人生に介入してきます。偉大な指導者たちの軌跡には、必ずと言っていいほど神の呼び声が見受けられるもの。われわれの伝統では、神に仕える道はつねに呼び声から始まります。

興味深い例として、福音書にゲラサ人の地方で穢《けが》れた霊に憑《つ》かれた男の物語があります。イエスに悪霊を追い払ってもらい、正気になった男がイエスと一緒に行きたいと願う。イエスは許さず、家族のもとに帰って起こったことをみなに伝えよと命じる。つまり、男の使命はイエスについて行くことではなく、「神の偉業を自分の民に伝えること」だというのです。そんなふうに、呼び声あるいは天命に聖職への道を拒まれることもあります。人それぞれに使命がある、だからこそこの言葉は重要な鍵なのです。

同じく福音書にある金持ちの青年の例。自分に従いたければ、財産を全部売り払い、貧しい者に施してから来なさいとイエスに告げられ、青年は悲しみながら去っていきます。財産が惜しくて手放せなかったからです。イエスに誘われ、呼ばれても、青年は一歩踏み出すことができない。イエスの呼び声が失敗に終わった瞬間です。

福音書の別の箇所でも《あなたがたがわたしを選んだのではなく、わたしがあなたがたを選んだ》とはっきり述べています。

先ほどおっしゃったとおり、信仰の道を選択する者の識別は、最初の鍵です。キリスト教では意志の誠実さと呼んでいます。つまり、どのような動機で聖職者を目指すのかということです。たとえ本人に悪意がなくても、無意識の部分に狂信主義やゆがんだ方向に傾く芽が見受けられる場合もあります。また、意志の誠実さは長い修養期間中に磨いていくものです。われわれはみな罪人、無垢な状態で神の呼び声を聞く者はいません。誰もが正負の両面を持ち合わせているのですから。

**ラビ**　「申命記」（一三章二〜六節）に興味深い一節があって、偽預言者と本物の預言者をどう見分けるかが記されています。タルムードでも、自分が預言者であることを証明するために、わざわざ奇跡を示そうとする者について触れています。「申命記」の説明は実に本質的なところを突いています。神に対し反逆させようとそそのかし、神が歩めと命じた道から迷い出させようとする預言者、自分が預言者であることを証明するためにあれこれしるしを示す者は偽預言者であると。

目の前にいる精神指導者が、意識的あるいは無意識に、強いカリスマ性や巧みな言葉を武器に一共同体を破滅に追い込もうとしたら、信者はどうすればよいか？　これについても聖書にはさまざまな例が出ています。それらのメッセージを要約すると次のようになるでしょうか。「気をつけなさい。あなたの心を奪おうとする者からは離れなさい。あなたの意見や精神を操ろうとする者からは離れなさい」

「申命記」の話に戻ると、結局は預言者と称する人のメッセージの本質を注意深く見極めることに行き着く気がします。公正さや慈悲の心、優しさが伴わないメッセージなら、それは偽りで、忌むべきものです。信者の目から見て、精神指導者があまりに確信を持って語り、人々の心を惹きつけコントロールしようとしていると映る場合は要注意でしょう。「私は神からこのように命じられた。だから○○だ」などと断言するのもその一例です。師の立場にある者たちが自分たちは完璧だと言わんばかりに振る舞う場合も、疑っていいでしょう。

信仰に関する事柄は謙虚に伝えられるもの。そう考えると、やはりある程度は疑問の余地を残すのが筋でしょう。「エレミヤ書」（二七章）で、神はエレミヤに、民はネブカドネザル二世のくびきに耐え忍ばねばならない、だから、今反乱を起こさせないためにも、従順のしるしとして自分の首にくびきをはめて民に示すよう命じる。ところが、別の預言者アズルの子ハナヌヤが現れ、神はバビロン王の圧政を打ち砕くと言っていると主張し、エレミヤの首からくびきを取り、砕いてしまう。エレミヤはその場を立ち去るが、再び神はエレミヤに同じことを告げる。民はバビロン王のくびきに耐え忍ばねばならないと。

この箇所は二つのことを示しています。一つは、神が動的な存在であり、考えを変えることもあるということ。《神は彼らに下すと言っておられた災いを思いなおし、そうされなかった》と聖書で言っています。これは「ヨナ書」のメッセージです。神にせよ神のメッセージにせよ、完全に鵜呑みにしない。信仰行為の一部として解釈には疑問の余地を残しておく。もう一つは、宗教指導者を定義づける重要な事柄が謙虚さであるということ。その最たる例はモーセになるでしょうか。尊大さを伴い、謙虚さに欠け、自信過剰な物言いをする宗教指導者は、よき指導者ではありません。あまりの自尊心からいつも「私は……」と主張し、人々と対等に接することができない者は、宗教指導者になるべきではない。

**教皇**　とはいえ実際、そのような者がいるわ、いるわ。往年の映画『カティータは淑女』（一九五六年）で二二・マルシャルが演じた主人公カティータのように、「どうしたらいいの、奥さま！」と叫びたくもなります。

それにしても、疑問の余地を残すというのはいいですね。その姿勢が、いずれはその人が神の前で公正に生きる道を選ぶことにつながりますから。

確かに、神の僕となった偉大な指導者には疑いや迷いがありました。モーセについては、この世であれほど謙虚な者はいただろうかと言いたいほど。神を前にしたら謙虚になるしかない。民衆を率いていきたいと願い、指導者になりたければ神に場を空けるべきです。そのためにはへりくだり、迷いを抱え、自分の内奥の闇で苦悩することも不可欠でしょう。それらを経ながら、最終的には思いが純化されていく。

指導者らしくない指導者は、得てして自信過剰で強情。加えて、過剰なまでに自己確実性にとらわれているものです。

**ラビ**　信仰心には疑う心も必要だと思うのです。多少なりとも疑問を抱えた状態から、信仰心は生み出されるべきだと。私自身、神の存在を感じ、何度となく対話してきましたが、信仰の本質的な部分では相変わらず神を探し求めています。神の存在は九九・九九％認め、感じてもいる。だけど、けっして百％には至らない。まだ探しつづけているからです。

ユダヤ教徒にとっては、問い自体が信仰と言ってもいいかもしれません。第二次大戦のホロコースト以来、多くのユダヤ人が自問してきました。なぜ神はわれわれを見捨てたのか？　純然たる正義の神はつねに公正で、苦悩する者の傍らに寄り添うのではなかったのか？　だとしたら、なぜ介入しなかったのか？　なぜ息子たちが死んだのか？　潔白で正しい自分が、健康も何もかも失ったのはなぜなのか？　と神に質《ただ》したヨブと、まったく同じです。それに対する神の答えを要約すると、「わたしなりの理由はあるのだが、疑念を抱える人間には理解しえないだろう」ということでしょう。

**教皇**　前にも述べましたが、私はヨブの言葉《私はあなたのことを耳で聞いていました。しかし今、この目であなたを見ます》に、なぜかしら惹かれるものがありましてね。試練の後は、ものごとを別の見方で捉えられるようになり、理解が深まっていきます。

それはともかく、神の僕としての聖職者の話に戻ると、謙虚な姿勢は神がそこにいるのを保証するようなものでしょう。反対に、自信過剰でどんな問いにも答えられるという態度をとる者は、神と共にいない証拠とも言えます。

尊大な態度は偽預言者の性質で、私利私欲のために宗教を利用する偽精神指導者にも、例外なく見受けられます。偽善宗教家のお決まりの態度と断言してもいいでしょう。あらゆる事象のうえにいる神を語りながら、その神の命には一切従わないわけですから。

《彼らが言うことはすべて行ない、守りなさい。しかし、彼らの行ないを見倣《みなら》ってはならない》。イエスが群衆や弟子たちに言ったことと同じです。

**ラビ**　継続して手本を示せるかどうかも指導者としての鍵でしょう。宗教指導者を志す者に対し、多大な謙虚さを身につけさせることはもちろん、神聖さを選択した責任をつねに自覚させられることも大切です。
私の活動する共同体には、若者中心のグループがありますが、彼らがいずれさまざまな分野でリーダーとなることも視野に入れ、指導するよう努めています。彼らのほとんどは自分たちより年下の者たちをまとめているのですが、子どもたちが楽しめるよう遊びの要素を入れながらも、社会における価値観や共生の仕方を学び、自分たちは他者や他のグループとは違うと、特別視することのないよう仕向ける。加えて、信仰の道を示す手本となるよう言い聞かせています。祈りや特別な儀式を通して、子どもたちがそれぞれの人生の意義を見出だせるよう導いていくという、神聖な使命を担っているのだと。

若いリーダーたちはラビにとっての大事な助っ人です。

また、リーダーシップをとる者は職務に自分自身の問題や見方を持ち込むべきではないし、自分が何でもできると考えてはいけません。

私のもとに病気を患《わずら》っている人や不安を抱えている人が助言を求めてやってくることがあります。そんなときにはたいてい「上の者にも意見を聞いてみますが」と断わったうえで、自分なりに相談に応じています。専門的な分野に関わる場合にはなおのこと、ラビだから何でもできると勘違いされては困りますし、自分も勘違いしてはいけません。

あるとき、結婚式を執り行なった後、列席していた一組の夫婦が私に挨拶をしてきました。八年ほど前にやはり私が挙式をしたカップルで、お子さんは？　と何の気なしに尋ねると、残念ながら何度か流産したとの返事。私は二人の手を握りしめて「希望を失わずに行きましょう」と元気づけました。それからしばらくして、やっと女の子に恵まれましてね。慣習に則って赤ちゃんの名前を公表するために、シナゴーグへやってきました。ひととおり儀式を終えると、あのときの励ましの言葉のおかげですと言われたので、あれが近頃流行《はや》りの〝よい波動〟となって妊娠をもたらしたとは考えないでくれ、と断わっておきました。神に願っただけですから。居合わせた者たちは冗談で、このことを大々的に宣伝したら、シナゴーグには信者があふれて寄付が集まるぞと。

**教皇**　癒やしのラビ、登場！（笑）

**ラビ**　そんなばかな……（笑）

確かに強い霊性を備えた人が病気を治してしまう例はありますが、その場合でも奇跡はやはり神の力で、その人のものではない。ハシディズムの伝承では、世界の調和は三十六人の義人によって支えられている。ところが、自分がその一人だと気づいた瞬間、そうではなくなってしまう、とタルムードで説いています（サンヘドリン項97ｂ）。

**教皇**　ヒーラー（神癒《しんゆ》）現象と聞くと、私はまず疑います。神の啓示や幻視にも、どうしても身構えてしまう。神がアンドレアーニ〔アルゼンチン最大の速達便配送会社〕のように四六時中メッセージを送ってくるとは思えませんし。ある信者が何かを感じているというのとも、どうも性質が違うようですから。

とはいえ、長い歴史のなかで預言者が存在してきたのは事実で、今でも存在しているのでしょうから、真の預言者、神に選ばれた預言者の存在の可能性を閉ざす気はありません。ただ、全部が全部、真の預言者とは限らないということも頭に入れておくべきです。

天からのメッセージを授かっていると自称する人は、ブエノスアイレス市内だけでも結構な数に上っています。祈っている最中に自分は霊の慰めが得られた、それは全人類に対する神の啓示もしくはメッセージである。そんなふうに思い込むのは、あまりに短絡的すぎますが、ゆがんだ解釈や精神面の問題から、自分自身が感じたことを預言と混同してしまう人々もいるのです。

つい最近、あるご婦人から、アルゼンチンの全国民に対するメッセージを授かっていると電話がありましてね。〝みなを救うため〟メッセージを広める許可が欲しいと言うのです。直後にそのメッセージとやらを送ってきたので目を通したのですが、どうも妙な内容で、あいまいな箇所や間違いも多い。それで私は許可できないと断わりましたが、相手は納得せず、だったら個人的に広めるからいいと。

実際、自分のことを特別な使命を負った預言者だと思い込んでいる人は少なくない。預言よりは治癒のほうがまだ理解しやすいです。超心理学や腫瘍学で精神が肉体に及ぼす影響はあると研究結果が出ているので、いくらか説明がつきます。また、どの宗教でも病人の回復を祈る行為は行なわれているわけですから。治癒能力のある人は、神の掟に則り、素朴で謙虚に振舞っているなら称賛に値すると思います。そうではなく、治癒力をひけらかすのが目的だと、ビジネスにしかねない。

**ラビ**　まったく同感。特殊な能力を見世物にするのは、真の宗教家ではなく嘘っぱちです。病気や人間関係などの問題解決を超自然的な力にすがろうとする人は多く、一種のブームになっている感があります。ただ、ラビに助言を求める場合、気をつけねばなりません。相手がカトリック司祭でも同じだと思いますが、得られるのは信仰上の答えであって、医者の答えではないということ。健康上の問題で相談に来られたら、私も声をかけ、親身になって助けますが、医師の指示や処方には従うよう告げます。

**教皇**　そのために、神は一人一人に手立てを用意してくれているわけですからね。

**ラビ**　そのことに関連する昔話を思い出しました。

大洪水が起こって一人の男が屋根に取り残される。まもなくカヌーが救助に来るが、「わしはここに留まる。神様が助けてくれるはずじゃから」と男は断わる。

仕方なくカヌーが去ると、入れ替わりで消防隊のモーターボートがやってくる。ボートに乗れと言っても、「動くもんか、神さまが助けてくれるはずじゃから」と男は拒む。

今度は警察のレスキュー隊がヘリコプターで上空から救い出そうとする。縄ばしごにつかまれと命じても、男は「神さまが助けてくれるはず」と言って聞かない。

とうとう男は溺れ死に、天国に着くなり神に詰め寄った。

「どうして助けてくれなかったんだよ、死んじまったじゃないか！」

その言葉に神は怒っていわく、

「助けなかっただと？　カヌーもボートもヘリも送ったのに、おまえが拒んだだけだ！」

**教皇**　ラビ、おみごと！

ところで、リーダーシップの件で触れておきたいのですが、私は修道会がＮＧＯ団体になるべきでないと考えます。あなたが先ほど口にした神聖さという言葉が気に入りました。神聖さは神がアブラハムに命じた掟。上の段階へと飛躍するためのトランポリンとも言えます。ＮＧＯの指導力に神聖さは含まれません。誠実さ、社会に適応した活動、よりよい社会を築く使命、内面の探求は必要ですし、世俗でも素晴らしい働きはできるでしょう。しかし宗教では、神聖さは指導者に避けられないものです。

**ラビ**　共同体を率いる者はつねに公正で、正義に則って行動しなければならない。それは自明の理です。宗教指導者の役目のなかでとりわけ尊いものは、平和の実現のために人々の仲裁をすること。聖書的に言うと、民衆のために神に執り成すこととなるでしょうか。呪われた町ソドムとゴモラに暮らす正しい人たちに、罰を下さないようアブラハムが神と交渉したのもその一例です。人間を救うために神に説得を試みる。私利私欲にとらわれ、絶対権力を振りかざし、病的な争いを繰り返す者たちとはえらい違いです！　二十世紀に台頭した数々の独裁者はその実例ですからね。

人間や社会の行動を研究している人の話によると、ナチズムや共産主義に代表される二十世紀の全体主義は、ある種の象徴学や神秘学を用いるなど、宗教に由来する性質を持っている。大衆は問題や不安を一挙に解決してくれる救世主を求めたがるので、人をそのかすのに長《た》けた、人心を操るのが得意な者に煽動されやすいと。わが国アルゼンチンも例外ではなく、その悲劇を味わいました。

いまだに救い主を切望する体質は変わっていません。だから、きっとリーダーではなく支配者を選んでしまうのでしょう。リーダーは目的に向かって民衆を率いるが、支配者は管理するばかり。リーダーは使命感を胸に問題に対処し、次世代の指針となる歴史を綴るが、支配者が心配するのは目先のことだけ。

また、政治と宗教が手を結ばねばならないのは、神でなく人間の抱える問題解決に限ります。そうすれば、人間とその行為という問題に二方面から取り組むことができますから。有害極まりない指導者の台頭を許さぬため、民衆ができる唯一の防衛策は教育に尽きます。

# 第6章　弟子について

**教皇**　指導者に関する話題がひと段落したところで、今度は指導される側、すなわち信仰の道を歩むことを決意した者たちをどう導き、育てていくか考えてみたいと思います。

神父は出世するにつれて成長すると信じている者もいるかもしれませんが、幸い、近年はそんな表現も聞かれなくなりました。何だか会社のようで教会にはそぐわないですから。信仰の道を目指すきっかけは神の呼び声や神に触れたことがほとんどではないでしょうか。

聖職者の育成には主軸となる四つの柱があります。

第一の柱は霊的生活。志願者が神と対話し、内面世界を見つめること。そのため、養成期間の最初の一年間は祈りや霊的生活に重点が置かれます。もちろんその後も継続しますが、初年度ほどの比重ではありません。

第二の柱は共同体での生活。われわれは社会から隔絶された形で志願者を育成しようとは考えていません。行く行くは教区民を率いて地域社会に貢献していく身であるわけですから、世間の人々と交わりながら成長するのが基本です。神学校での共同生活もそのためにあります。

どの集団にも対立や競争はつきもの。そこで譲り合いや折り合いのつけ方を学び、心を磨いていきます。神学生同士のサッカー試合ですら、人間関係の学びの場なのです。

第三の柱は知的生活。神学生は六年間神学部で学ぶことになりますが、最初の二年は神学の土台となる哲学に充てられ、次いで神学者によって体系化された教義学へと移ります。教義学とは、神、三位一体、イエス、秘跡といったものが何であるかを説明する学問で、ほかにも聖書釈義や道徳神学など、神学にはさまざまな科目があります。

第四の柱は使徒としての生活。神学生は週末になると、それぞれ割り当てられた教区教会に出向き、司祭の仕事を手伝います。最終年には教会に住み込み、職務に従事します。指導者側は志願者の行動に見られる長所や短所を注意深く観察します。改善すべき点や人格形成に役立つ事柄、カリスマ性がより鮮明に表れる時期だけに見極めが大切です。

これらの四本柱は相互に関わり合い、影響を及ぼし合う必要があるとつねに言い聞かせるようにしています。

**ラビ**　ユダヤ教のラビの育成は容易ではありません。まず学ぶべき原典がヘブライ語、アラム語であること。授業はヘブライ語で行なわれます。加えて最低限必須とされる知識を身につけた神学生は、ラビの助手として働くことになります。これは宗教指導者の不足も理由なのですが。

われわれのカリキュラムにも哲学、聖書学、タルムード学、歴史学、批判的聖書学といった科目があります。ユダヤ教保守派の流れを汲む神学校の場合、知識や原典解釈は広範囲に及びます。ユダヤの慣習や伝統的戒律を保持しつつも、さまざまな分野の科学的進歩とのより深く活発な知的対話を通して学ぶ。そこが正統派との違いです。あらゆる時代のヘブライ文学やラビとしての活動に必要な心理学、社会学、人類学などの分析も行ないます。
　重要なこととしては、神学校に入学するには大学卒業あるいは在籍中でなければならない点ですね。

**教皇**　カトリックの神学生になるのに大卒である必要はありません。神学校では神学と哲学の学位がとれることになっていますので。もっとも近年、一つないし二つ、三つ学位を持った大卒の入学生が増加しているのは確かで、そのあたりは以前とずいぶん事情が変わってきました。年長者が増えている。これも望ましい傾向だと思います。たとえば、あなたのようにブエノスアイレス大学で実生活を知り、いろいろな物の見方や科学の立場からの解釈、あるいは世界における自分たちの位置などを学んだうえで信仰の道を歩む。人々の生活や現実を知るには、しっかりと地に足がついていなければなりません。

**ラビ**　宗教家は実社会を知るべきだと、つね日頃から言っているのはそのためです。その意味では人文科学の分野を履修するのが理想かもしれません。

もちろん他を軽視しているわけではありません。私自身、ブエノスアイレス大学で化学博士号をとっていて、創造物の緻密な法則から神の偉業を知ることも十分可能だと考えています。私自身はさまざまな科学の一研究者であると自認していますが、一方でユダヤ教についての学問にも非常に関心がありました。そんななかである時期、ユダヤ教の教育に興味を持った。博士課程の頃にはすでにラビとして働いていました。アインシュタインではありませんが、宇宙を創った神、その神が描いた設計図を知りかったのです。科学と宗教が相反するとは考えていません。科学によって発見される秩序は、神が人間に与えた手がかりだと思います。

**教皇**　志願者のうち神学校に入学できるのはおよそ四割。召命を受けても、ふるいにかけられます。

精神異常が認められる場合。外部から安心を得ようとする精神疾患または神経症があるそうです。自分一人では人生で成功できないと感じる者が、自分を守ってくれる組織を求め、それが聖職者集団だったりする。ですから神父になりたいと関心を示す者に対しては、われわれも慎重に見極めざるをえません。

神学校入学に当たっても、かなり綿密な心理テストを行ないます。志願者は入学の一年前から毎週末に共同生活をするのですが、そのなかで聖職への思いが本物か、あるいは単に逃げ場を求めているだけなのかを判断しなければならない。使命感に燃えていても、本当のところはわかりません。神の呼び声は自己申告ですので、あっさり覆すこともありえます。神の命を守らなかったサウル（サムエル記上一三章七節〜一四章一五節）のように。

俗世間の快楽に溺れる司祭や司教の例には事欠きません。「いいじゃないか、神父に恋人がいるぐらい」という向きもあるかもしれませんが、それはその神父が二重生活を習慣化している表れでしかありません。政治や世論を味方につけて、宗教的なものを変えようと模索しているのです。

カトリック神学者のアンリ・ドゥ・リュバックが《召命を受け、叙階された者が陥る最悪の状況は、十戒や福音書で神が命じたものではなく、俗世間の尺度に基づいて暮らすことである》と言っていますが、仮に今、全教会でそのような事態になったら、腐敗まみれの聖職者がはびこった時代以上に始末が悪いことになってしまいます。われわれ聖職者の人生に起こりうる最低の事態は、世俗の快楽に溺れる軽薄司教や司祭になり下がることでしょう。

**ラビ**　ユダヤ教でも世俗的なことに入れ込むべきではないとされていて、タルムードでも賢者が、今さえよければそれでいい、永遠の命なんかどうでもいいと言う者を批判しています。

ここでいう永遠の命とは、今の行ないが未来に大きな影響を及ぼすという意味合いです。ユダヤ教とキリスト教の見解が異なってくるのはこのあたりからですね。

カトリック教会はある時期、聖職者に対し最大とも言える要求をしました。妻帯を禁じ、完璧な忠誠を誓わせ、世のなかの世俗的なものごととは接しないよう求めた。そこがユダヤ教と違うところです。こちらは、「おまえの挑戦は俗世で生きることだ。家庭に押し寄せる社会問題と戦いながら、神の掟を守っていけ」と言われたような状態です。

とはいえ現実には、ユダヤ人コミュニティーにも律法を厳守し、必要最小限にしか外部の人と接触しない者もいます。

ですが、私はそうもいきません。保守派（というより伝統主義といったほうがいいかもしれません）に属し、一方の足は現実社会とそこでの問題に、もう一方の足は世俗に染まらぬよう固い意志で信仰を守る状態。正直困難ですし、現在ユダヤ教が抱える大きな問題の一つもそこにあります。今はかつてのようなゲットー生活ではなく、いろんな人と共存している。現代の戦いは、流行にいかに流されず精神の探求を貫けるかということになりますね。

象牙の塔に閉じこもることなく民衆に交わる、カトリック聖職者は多大な挑戦を強いられていると思います。ユダヤ教の厳格な伝統主義も、俗世間に流されない、影響を受けないようにするという点では同じです。根元は一緒、問題の捉え方や答えの出し方が違うとも言えますが。

**教皇**　一つ補足させてください。

西方教会のカトリック神父は結婚できない決まりになっていますが、東方教会ではできます。ただし、叙階されたあとの結婚は認めていません。

ですから、完全に世間のなかで、もまれている平信徒のほうが、あなたが述べたユダヤ教聖職者や信者に近いと思います。俗世間にどっぷり浸りながらも精神面で引きずられまいと生きている。それはそれで困難な道のりです。

では、献身した聖職者の場合は？　われわれとて弱い人間でつねに誘惑にさらされています。人間誰しもパンとケーキの両方を求めるもの。聖職のよいところと世俗のよいところのどちらも欲しい。神学校に入る前は私もそうでした。でも聖職の道を選び、そちらに専念することで強化されたと思います。少なくとも私自身はそうして暮らしています。

だからと言って、魅力的な女性と知り合うことがないわけではありません。神学生だった頃、おじの結婚式で出会った女性に惹かれたことがありました。はっとするほど美しく知的な女性で……しばらく放心していたのを覚えています。神学校に戻ってからも彼女のことが頭から離れず、振り切ろうとするほど顔が浮かぶ。祈りにも集中できない。自分の身の振り方を考え直さねばなりませんでした。まだ神学生の身だから自由と言えば自由だ。家に戻ろうと思えば戻れる。いずれにしても選択しなければならない。結局また信仰の道を選ぶことにしました。神が選ぶに任せたと言い換えてもいいかもしれません。

私でさえそんな状態でしたから、他の聖職志願者に同じことが起こっても不思議ではありません。実際にそんな状況に直面したときには、とにかく冷静になるしかありません。初心を貫き再度聖職を選ぶか、「いや、今自分が感じている思いは素晴らしいものだ。一度は聖職の道を選んだが、後で裏切ることにならないよう、神学校をやめたほうがいい」と考えるか。仮に神学生がそうなったら、なるべくよい形で去っていかれるようできる限り支援します。悪い聖職者になるより、よきカトリック教徒として生きてほしいですから。

私が所属している西方教会では、コンスタンティノープルやウクライナ、ロシア、ギリシアの正教会のように聖職者の結婚は認められていません。ただし、東方教会では、輔祭《ほさい》・司祭は妻帯できますが、主教は独身でなければなりません。

彼らともつき合いがありますが、実に気のいい聖職者たちです。よく「まさか嫁さんと一緒にお姑さんまでついてくるとは思わなかっただろう」とからかっては叱られています（笑）。外部の組織に触発されてカトリック教会内でも独身制について議論されていますが、当面は独身制の規律は揺るがないと思います。実用主義的な人のなかには、独身制があるから神父のなり手がいないと主張する者もいます。これはあくまで仮定ですが、西方のカトリック教会が独身制を見直すとすれば、世間からの圧力ではなく、東方教会のように文化的な理由からなされる気がします。

今のところ私は独身制の存続に賛成です。賛否両論あるとはいえ、約一〇〇〇年にわたって築かれた伝統で、弊害よりは恩恵を多くもたらしてきたからです。残念なのは価値ある理にかなった伝統なのに、不祥事のほうが広まって、なかなか理解してもらえないこと。

独身制は現在の形に落ち着くまでに長期間かけて微調整してきたものです。一一〇〇年頃までは選択できました。その後、東方教会は個々の判断にゆだねる形を選び、西方教会は義務づけることを選んだ。独身制は規律の問題であって信仰の問題ではありませんので、変更の可能性はあります。

私自身が結婚しようと考えたことは一度もありません。しかし、そういったケースはあります。パラグアイ大統領（当時）のフェルナンド・ルゴ氏。非常に優れた人物ですが、司教時代に女性と関係し、教区を去っています。誠実な決断だったと思います。ときどき女性問題を起こす聖職者がいる現実を考えればなおさらです。

**ラビ**　その場合、どう対処するのですか？

**教皇**　たとえば、女性を妊娠させたと相談してきたら、まずは相手の話を聞きます。次いで心を落ち着かせるよう努め、少しずつ、聖職者としての権利よりも自然法が優先されることを理解させていく。それから現実的な話に入り、聖職者の職務を断念しなければならないこと、相手の女性と結婚するかしないかは別として、子どもを認知し養育する義務があることを分かってもらう。そうすれば、生まれてくる子どもに母親だけでなく父親もいることを保証してあげられますから。私のほうは教皇庁絡みの手続きを引き受けます。ただし、本人が完全に聖職者を辞めると決めた場合です。

では、妊娠には至っていないが、神父から女性問題を打ち明けられたらどうするか？ その場合も、軌道修正できるよう手助けします。もちろん修正できる者もいれば、できない者もいる。なかには残念ながら上司である司教に相談さえしない者もいる。

**ラビ** 軌道修正とは？

**教皇** 悔い改め、独身制を保つ生活に戻ることです。どんな理由でも二重生活は好ましくないし、偽善を助長するだけです。そういう者には、「耐えられないなら決断しなさい」とうながすこともあります。

**ラビ** 神父がある女性に好意を抱き、告解をして悔い改める。成人同士の恋愛ならそれでよくても、小児性愛の問題となると話は別。罪は甚大で、根絶すべきです。

**教皇** 当然ですよ。何が何でも素行を改めさせねばなりません。ただ、独身制の強制で小児性愛の問題が起こっていると単純化してしまうのは誤りです。小児性愛事件を起こした者を分析すると、七〇％以上が祖父やおじ、義父、隣人といった近親者から性的虐待を受けた経験がある。つまりある聖職者が小児性愛者である場合、その者には聖職者になる以前からその性癖があったということで、必ずしも独身制が直接の要因ではないのです。

　では、そういった事件が起こったら？　見て見ぬ振りは絶対にだめです。職権を持つ者が他者の人生を損なうことなどあってはならないし、そんな者がその地位にとどまりつづけてもいけない。私の司教区では一度もないが、別の教区の司教が電話で相談してきたことはあります。そのような場合にはどう対処すればいいか？　と。私は次のように答えました。まずはその者の聖職者の資格を取り上げ、これ以上職務を遂行できない状態にする。そのうえで教会法に則って、教区で裁判を行なうべきだと。

　私の態度は今でも変わりません。教会のイメージが損なわれるからと、ゆがんだ仲間意識を盾に火消しに走っても意味がない。米国ではそのような解決策をとった例もあったと言いますが、問題の聖職者を別の教会に異動させるなどもってのほかです。問題の根っこをリュックに入れて持ち歩いているようなものではないですか。妙な連帯意識を働かせたがために、あんな事態を招いてしまって。だから、私は反対なのです。

　最近アイルランドでも、二十年にわたって隠蔽されていた同様の事件が発覚したばかりですが、「この手の犯罪に対しては寛容ゼロだ」と断言した教皇ベネディクト一六世の毅然《きぜん》とした態度と勇気は尊敬に値します。

**ラビ**　ユダヤ教にはカトリック教会のようなピラミッド型の組織はなく、各共同体がそれぞれの指導者を管理する体制になっています。

タルムード（デレフ・エレツ・ラバ5章）の箴言に《すべての人を尊敬しつつも疑え》というのがありましてね。人間誰もが自分の情欲と対峙しなければならないし、過ちを犯すこともある。そのため共同体としても何らかの抑制が必要だと。ラビが弟子に対してはもちろん、その逆もしかりで、ラビが不適切な行為をした場合、度合いにもよりますが、解任されることもあります。

先ほどのあなたの話と同じく、ユダヤ教神学校へも病的な理由から聖職者への道を選ぶ者がやって来ます。ですから入学に際しては、内密に心理面の調査がなされます。将来一共同体の精神指導者になるかもしれない、それなりの権限を有する身になるわけですから、やはり選ぶ側も慎重にならざるをえません。

七〇年代にあのマーシャル・メイヤーも訴えられたことがありました。私が彼と出会ったのは、その騒動の最中でした。アルゼンチンのユダヤ教神学校と保守派運動の創始者。アメリカ人でありながら二十五年もこの国で活動し、軍事政権時代に率先して人権問題に取り組んだ人物。政府の圧力に抗い、収容所をたびたび訪れて政治犯たちとの面会を重ね、あらゆるコネを駆使して同胞を守り、行方不明者の家族たちをかくまい、逃がした。この国の人権侵害を国際社会に訴え、民主主義を取り戻すべく命を賭けて戦ったラビ。アルゼンチンのユダヤ人共同体のみならず社会全体に多大な功績を残したのは紛れもない事実です。民政移管後のアルフォンシン政権下で、外国人として最高の栄誉である解放者サン・マルティン勲章を授けられたことが、それを証明していると思います。

事情を把握していないので意見を述べるのは差し控えますが、告発されたのは確かで、司法当局の調査で、メイヤー側には何の不正も見当たらなかったとの結果が出ています。いずれにしても、宗教指導者が神の目だけでなく、人々の目も意識して正しい行動をするべきなのは変わりません。いかなる場合も不信感を抱かれぬよう、慎重に行動することと、極力過ちを犯さないことが大切です。

# 第7章　祈りについて

**ラビ**　全員でまったく同じ言葉を同時に発する瞬間、祈りは人々を一つにしてくれます。祈りの効力をさらに強めるには、少なくとも十人のユダヤ人で行なうべきだと言われています。同じやり方で同じ言葉を唱え、同じ目的で行なう。祈りは連帯意識を確認する行為でもあります。

しかし、それ以上に祈りは、自身や神との対話の始まりとなる深い内省行為でなければならない。それは口で言うほど簡単なことではありません。心での対話中、神の声と自身の声を区別しなければなりませんから。聖書を丹念に読んでいくと、両者を混同しないための指針に気づきます。本質的には神に近づこうという試み、何らかの形で神を感じようとする行為が祈りの基本要素ではないでしょうか。

ヘブライ語の動詞「レヒトパレル」（祈る）には自己分析するという意味があります。神に近づきたいと思うならば、まずは自分自身の誤りを見つけることです。

**教皇**　祈りは個々人の内でなされる行為であるはずなのに、しばしば祈る行為そのものを不自然にコントロールしようとする例が見受けられます。これは神をコントロールしようとするのと同じことです。祈りのゆがみ、過剰な形式主義、さまざまな統制の行為と関係があるのかもしれませんが。祈りは話すと同時に聞くこと。深い沈黙に浸り、敬虔な態度で何が起こるかを待つときです。

一方、アブラハムがソドムとゴモラの住民のために、モーセがイスラエルの民のために、神と交渉したような祈りもあります。人々のために祈ることは勇気ある行動ですが、そこに不可欠なのは謙虚さと敬う姿勢です。

**ラビ**　神との関係で最悪なのは神と争うことではなく、神に無関心であることでしょう。信仰心のある人は最悪の状況下でも神に語りかけるものです。ガス室に送られた何千もの人々が、われわれの信仰告白《聞け、イスラエルよ。われらの神、主は唯一の主なり》を口にしながら死んでいったのもその一例です。絶望の淵にありながらも、神を信じていた。

贖罪の日《ヨム・キプール》の祈りの儀式には、われわれはワルシャワ・ゲットーの廃墟で見つかった手記をもとに、第二次大戦後、ユダヤ人作家ツビ・コリッツによって書かれた逸話も盛り込んでいます。妻子を殺され、一人残された男が、苦悩のうちに神と向き合い、どんなに試練を与えられようと、それでも神を信じつづけると告げる。これぞ真の信仰のあり方でしょう。

**教皇**　神への無関心にもいろいろあります。本来敬虔であるべき典礼が、単なる社会的なイベントになり下がって効力を失ってしまう。

その最たる例が結婚式です。なぜ、結婚式に宗教が必要なのかと問う者すらいます。いくら司祭が結婚の意義を説いても、多くの人の関心はまったく別のほうにあったりする。神の祝福を受けたいから教会で結婚するのでしょうが、その願いを心の奥底に沈めてしまっているのか、ちっとも伝わってこない。

正直、対処に悩んでいます。教会によっては衣装や露出度で張り合う競争の場と化すこともあります。宗教儀式という認識などどこにもない。いかに着飾るかが目的ですから。神父として良心の呵責を覚えつつも、ある程度容認していますが、どう歯止めをかけたらよいものやら……。結婚式を例に挙げたのは、一番無関心さが顕著だからなのですが。

**ラビ**　そんなことが起こるのは、今どきの社会があまりに俗っぽいからですね。

私に思いつく解決策は、カップルとその親たちを集めて儀式の大切さを説明し、事前に根回ししておくことぐらいです。神聖な場に足を踏み入れるのだから、慎みのある態度をとること。ベールやショールを身につけるといった最低限の規律は守るよう指示する。そのうえで結婚の意義、家庭を築くことや子育てが二人にとっての挑戦であることを説く。説教でも同じ話をします。

日頃から機会あるごとに言って聞かせるのが、式をファッション・ショーや浅薄なものにしない防御策だと思います。

**教皇**　結婚式の話題が出たついでに言うと、われわれも同じように結婚前のカップルと話し合う機会はありますが、現実を直視して彼らと対話せざるをえません。すでに長い期間同棲している者もいれば、そうでない者もいますが、いずれの場合も宗教的な価値は言い聞かせるようにしています。そういった準備を上手《うま》くやっている教会もありますし、ただ形だけという教会もあります。

初聖体*の儀式についても同じです。今では女の子たちがかつてのようなドレスを着ることはまれで、むしろ簡素な白のチュニックが主流です。時代と共にドレスも消えたというべきかもしれません。

祈りが単なる形式と化す、神とのつながりに無関心になると、どうしても世俗の快楽を重視する方向に向かう。前回、世俗のことについて話した際、あなたも触れていましたが、それらに溺れる人は自己陶酔型の人間、消費主義者、快楽主義者なのでしょう。

典礼の真意はそういった色合いではなく、神との出会いや霊的なつながりが濃いものであるべきだと思います。

＊初聖体：子どもが初めて受ける聖体拝領の儀式で男女共に正装で臨む。特に女子はウエディング・ドレスに似た白いドレスを身につける。

**ラビ**　ユダヤ教では霊的に純粋なものと単に物質的なものを区別しません。肉体的なものと精神的なものを分けないのも同じです。人間は一つのまとまり。したがって、体を使ってすることはすべて、感情の深い部分の表れと見なします。

お金についてもそれ自体を悪とはせず、それを使って何をするかで判断する。お金は手段の一つ。お金そのものが目標になると、欲しくなる一方の害悪と化してしまう。

宗教団体にも存続のためにはお金が必要ですし、さまざまな活動の資金は不可欠です。必要に迫られるものだけに、扱いには細心の注意を払わなければならない。企業やNGO団体並みの厳格な管理体制を要しますし、扱いを間違うと厄介なことになります。質素なシナゴーグでさえ、大祭日〔新年と贖罪日を含む十日間〕の祝祭の際には信者がお金を払って席を予約する。壇上でトーラーや預言者の書を読むのにも寄付をする。朗読によって神を称える栄誉を得られる代価として払うのです。経済的に恵まれない者に機会を与えるため、代わりにお金を払う人もいます。

古くは神を崇めるに当たって所有物を捧げるのが決まりだったためでしょう。崇め方の一つに精神的な問題の進展のため物質的な品で清算する方法があって、贖罪の日の前にはとりわけ寄付が多くなります。富裕層の信者を集めて、といっても実直な人に限りますが、トーラーを読む栄誉を授ける。誤解のないよう言っておくと、必ずしも経済的に恵まれた者だけに特権が与えられるわけではなく、誠実な行為で特に功績があった者も招かれます。

何ごとにもバランスが大切。自分の財産を差し出して共同体の施設維持に協力している者も評価されてしかるべきですから。一年間その人がしてきた貢献は認めるべきですし、物質的な貢献をした者もいれば、人助けといった精神面で貢献した者もいる。ある程度の臨機応変さは必要でしょう。

重要なのは、金銭に関わることが何もかも悪いわけではない、いかに使うかで変わってくるということです。

**教皇**　祈りの話が、無関心とお金の話にまで発展していくのは実に興味深いですね。

席の予約はカトリックではもう一般的ではないと思います。ミサでの施しはありますが、おもに維持費に回されます。そういった資金もしくは必要経費が、信者の側から出てくるのが理想なのでしょう。出どころ不明の金では困りますからね。

しばしば寄付する行為や金額を勘違いして、何か便宜を図ってもらう〝魔法の力〟だと考える人もいます。しかし、献金は買い物ではなくあなたが述べたように捧げ物なのです。

何かの宗教儀式に〝料金表〟などを作成されると、さすがに不快な気分になりますよ。二年ほど前、ブエノスアイレスのとある教会で、曜日によって洗礼の料金設定をしていたところがありました。結婚式も同様に、たとえばカップルが式をしたいと申し込みに来ると、教会の女性秘書が出てきて値段表を示し、じゅうたん込みだといくら、なしだといくらと説明する。これでは完全に宗教ビジネスです。もっとも、当世の俗っぽさを生じさせているのはわれわれ自身かもしれません。これは反省すべき点です。

福音書でイエスが実に深い考察をしています。神殿内の献金箱に信者たちが施しをする様子を眺めている場面。金持ちが巨額の金を入れていくなか、未亡人がやってきてわずかばかりの金を捧げる。イエスは弟子たちを呼び寄せ、《この貧しいやもめは、献金箱に投げ入れていたどの人よりもたくさん投げ入れた》と言う（マルコ福音書一二章四一～四四節）。確かにイエスの言うとおりです。他の者たちはあり余るなかから差し出したが、その女性は乏しいなかから差し出したのですから。残りものを与えるのではなく、身銭を切る行為。本来の施しの姿はそうあるべきです。

告解《こっかい》にやってきた人たちに、私はときどき問うことがあります。貧しい者に施しをしたことはあるか？　と。たいていの人が「ある」と答えます。そこで私はさらに問います。相手の目を見て施しているか？　まさかそんなことを訊かれるとは思っていなかったのでしょう。「わからない」と答える人がほとんどです。私はさらに踏み込んで問いかけます。その人の手にきちんと触れて渡しているか？　多くは赤面して言葉を失います。

隣人のためにしたときに、施しは人間の深い感情の表れになる。自分が何かを得るのではなく、それが本来の施しのあり方です。

**ラビ**　預言者たちが強く非難したことの一つに、民衆は祈っても正義に基づいた行為をしないというのがあります。他者の存在なしにものごとは成り立たない。隣人を助ける、飢えた人にパンを与える、服のない人に衣を与える、すべてそうです。血で手を汚している者には神の前に立ち、語りかけることなどできません。盗みや詐欺を犯した者も同様です。

われわれが直面している現実を見すえると、施しを求めて手を伸ばさなければならない人がいる。そんな人がいない社会の実現こそが真の挑戦となりそうです。逆に言えば、そのような人が存在している社会は病んでいるのでしょう。

ところで、苦しんでいる人が自分の兄弟であるのを知るため、きちんと相手の目を見る、相手の手に触れることも、祈りの行為に含まれそうですね。貧困者が一人もいなくなるという多大な挑戦を認識するためにも。

**教皇**　隣人を助けるという具体的な正義の行動こそ、祈りです。そうでないと本音と建前を使い分ける偽善の罪に陥ってしまう。言葉と行動が一致しないとも言える。飢えに苦しんでいる人が自分の兄弟で、その兄弟のなかには神がいると気づかなければそうなります。自分の兄弟を気遣うことができない者は、兄弟の父親すなわち神と話すことはできない。ユダヤ教にもキリスト教にも、つねにその意識があると思います。

ここでもう一つ、ぜひ触れておきたいことがあります。悔恨の祈りの価値についてです。罪人である私に対し、慈悲の心を神に求める祈り。この件についてもイエスがたとえ話をしています。金持ちの男が神殿内で、他の者たちのように戒律を破ることなく暮らしていることに感謝し、神に祈りを捧げている。その男のはるか後ろには収税人がいて、同じように祈っているが自分を恥じて頭を上げられない。ローマ人のために税金を取り立てる身であることから、罪人である自分に神の慈悲を請う。前者は何ごともなく神殿を後にしたが、後者は赦されて立ち去った（ルカ福音書一八章九〜一四節）。

神の前で自分のやましい部分、罪を認め、へりくだる。これこそが悔恨だと思います。そのためでしょうか、謙虚さがない者、尊大な者には祈ることができません。

**ラビ**　罪を犯した人間でも神に立ち返ることができる。戻る意志のある者には扉は開かれている。イデオロギーの名のもとに、さらにひどい、神の名のもとに大虐殺をした者たちが、心から悔恨の祈りができるようならば、人類にとって好ましいものになるでしょうに。

宗教を悪用したゆがんだ快楽主義に基づいて殺戮を繰り返した者たちは、自分たちを創造主よりも上に置いていた。それゆえに自分たちの命令は遂行されるべきものだと見なしていた。となると、崇めていたのは神ではなく、非常に下劣な私利私欲だったことになる。そんな過ちは二度と起こってはならない。

宗教的な事柄は、人間的な事柄のなかでも最も崇高なもの。ただし、純粋である場合に限ることを学ばねばなりません。純粋でないものはみな、人間やエゴを崇拝する快楽主義の実現のために宗教をゆがめ、悪用したものです。

聖書には、自分のさまざまな欲と戦う純朴な者、謙虚な者たちの物語があふれています。罪を犯し、それを認めるダビデ。内面での葛藤に揺れるアブラハム、彼の偉大さと謙虚さ。人間としての強さと弱さが描かれている。

しかしその後、組織のために戦い、組織を守るために神の名のもとに殺人を犯すようになります。いざとなれば組織のため、権力のため、帝国のために人を殺す。そうして宗教の意義が失われていきました。実際に失われたのは宗教組織の信用であり、それは純粋な神の探求でなく、数々の過ちを犯したために失墜したのです。

**教皇**　姦通者で知能犯の暗殺者だったダビデがユダヤ教やキリスト教で聖人扱いされているのは、神の前でへりくだり、「自分は罪を犯した」と言える勇気があったからでしょう。

人は災いを招くことも、過ちを認めて生き方を改め、自分のしたことを償うこともできる。

信者のなかには他者に精神的・肉体的ダメージを与えて殺した者だけでなく、資本を悪用して不当な賃金しか払わず、間接的に人々を殺している者もいます。慈善家面《づら》の裏で、従業員に妥当な給料を払わない、あるいは不法労働者を雇い、劣悪な環境で働かせている。

先ほど述べた偽善者、言動が一致しない者の典型的な例です。

過去の悪行が知られている者、カトリック教徒でありながら、卑しい行為を改めもせず続けている者もいる。だから私は、そんな者たちを前にした際には聖体拝領をせず、一歩下がって助手に任せます。一緒にいる写真を撮られて利用されても困りますからね。

罪を悔いているかどうかの見極めは難しいですが、聖体拝領を拒むことは可能です。聖体拝領は共同体の一員であることを自覚しながら神の肉体を受ける行為。神の子の一員となるより多くの人の生活を弄《もてあそ》ぶほうを優先する者にその資格はありません。それを許したら矛盾に満ちたものになります。

神の正義に従わずに生きているくせに、教会を隠れ蓑《みの》にしている。そういう人々に心の偽善はよく見られます。彼らが悔恨の念を示すことはない。二重生活とはそのような生き方も指しているのです。

# 第8章　罪について

**教皇**　罪は、違反行為と心理学的感情の二つに大別されます。後者は宗教の領域ではありませんが、私は過ちを犯した、不適切な態度をとったと内なる声が訴えているというように、宗教的感情に取って代わることもできるでしょう。

四六時中、罪悪感にさいなまれていなければ気が済まない、そういう心理学的感情は病気です。また、神の慈悲にすがればいいと、罪悪感を軽んじる場合もあります。告解すればそれでよしと見なす、私は神に赦されたからと。違反行為は服に付いた染みではないですから、外見だけ繕えばいいといった単純な問題ではありません。それでも実際、罪の概念を弄ぶ人はいて、神の慈悲をクリーニング屋に行って染み抜きをしてもらうも同然と考えている。そこに、ものごとの真価を下げる原因があると言えます。

**ラビ**　まったく同感ですね。罪悪感にさいなまれつづけるユダヤ人の母親のイメージが一部に定着していますが、その手のゆがんだ考え方はわれわれの罪の概念から本質的に外れたものです。

何らかの宗教上の罪を犯した場合、改心の可能性はありますが、同じ過ちを繰り返さぬよう性格や行動を変えねばなりません。「私が間違っていた」と口にすればそれで終わりではないのです。もちろん、慈善の寄付や祈りを唱えることも助けになりますが、変わりたいという誠実な願いが伴っていなければ何の意味もありません。

では、宗教が罪の意識を弄んでいると言われていますが、それは真意を理解していない証拠です。ユダヤ教とキリスト教の概念では、違反行為は〝この世の終わり〟などと言っていないのですから。人は誰しも過ちを犯すもので、そうなった場合には罪を償い、関係を修復する必要がある。何よりも再び同じ過ちを犯さないようにしなければなりません。

**教皇**　罪の意識だけでは、自己憐憫に酔いしれるだけ。償いを伴わぬ罪悪感では、人は成長しようがありません。

**ラビ**　私には罪が宗教特有の感情だとは思えません。むしろ文化的な問題ではないでしょうか。罪悪感にさいなまれる感情も「あれをしてはいけない」、「これをしてはいけない」という言葉によって伝えられると思います。その言葉が子どものなかに正しいものと正しくないものという意識を芽生えさせ、それが罰の概念や正義感へと結びついていく。

もっとも、正義については人間レベルだけでなく、いつか神の前で決算されるとの思いが始終つきまとっています。そもそも《盗んではならない》、《殺してはならない》といった戒律を示したのは神ですから。罪の概念は破壊的な行為を犯す人間に対し、いずれ何らかのつけを払うのだ、ということを知らしめるために存在しているような気がします。

**教皇**　昔は子どもに何か言い聞かせるのに〝お化け〟の話を使ったりしていましたが、今そんなことをしたら子どもたちに笑われるだけでしょう。多くの厳格主義者がその方法を踏襲してきたわけですが、恐怖をあおって道徳観を身につけさせるのは好ましい教育とは言えません。肝心なのは、違反行為が自分を神から引き離すものだと認識させること。

　ここで償いや神の愛に関連し、聖アウグスティヌスの主張に触れておきたいと思います。アダムとエバの罪について論じた箇所で《幸いなる罪よ》と述べている。その言葉が印象に残っています。まるで神に「おまえたちの顔が羞恥心で満たされるために、違反を許可してやろう」と言われたかのように。

　自分の罪を認めて初めて神の慈悲に対面できる。そうでなければ、外面だけで心はやましい〝名ばかりのキリスト教徒〟になってしまう。ときとして違反が、神の前で謙虚になり、赦しを請う方向に導いてくれることもあります。

**ラビ**　私もそう思います。罪はわれわれが完璧ではないことを示すために存在する。完璧になろうと努める者でさえ、間違えることはあります。われわれがより正しく誠実に生きるためにも過ちは必要です。自信過剰な者は世のなかを荒廃させるだけですからね。

# 第９章　原理主義について

**ラビ**　ラビも神父も人々を導き、神に歩み寄らせる教師でなければなりません。ラビとは教師の同義語なのですが、カトリック信仰における司祭の役割はどうなっているのですか？

**教皇**　教師、神の民の統率者、礼拝や祈りの場である典礼を司ることの三つです。

**ラビ**　神への歩み寄りについても、ユダヤ教と近いですか？　われわれはよく「あなたに協力し、書物に記されていることを教えることはできるが、学びたいと声を上げるのはあなた自身でなければならない」と言うことが多いのですが。

**教皇**　それは教えることのなかに含まれています。他者がすべき決断を代わりにするわけにはいかない。原理主義の集団によく見られる傾向ですが、指図ばかりしたがる指導者は、各個人が神を求める心を骨抜きにしてしまいます。

神父は教師として教え、神の示した真理を示し、人々に寄り添わねばなりません。たとえ相手が挫折しても寄り添いつづける。弟子の代わりに決断してやる教師は、よき神父とは言えません。他者の信仰心をゆがめる、人格まで奪うという点では、むしろ〝よき独裁者〟と言ったほうがいいかもしれません。


**ラビ**　今の話はとても重要です。ユダヤ教徒のあいだにも多大な影響力を誇るカリスマ的指導者がいますが、極端になると弟子たちは教師の命令を絶対と見なす例もありますから。たとえ私的な事柄であってもです。

今のようにいろんな意味で不安定な社会に生きていると、多くの人が流動的な現実のなかで確固たるもの、何らかの「真理」を求めたがります。しかし、神の真理は個々の内にしか見出だせないものもあるのです。

他の宗教同様、ユダヤ教にも個人の心に芽生えるべき信仰心を奪い、他者の人生にまで干渉したがる指導者がいます。カトリックではどうですか？

**教皇**　師とは神の真理を教え、進むべき道を示す者ですが、本物の師なら弟子が自分の足で信仰の道を歩むに任せ、共に進むでしょうね。

**ラビ**　では、本物でない師は？　近年その数は増えていますか？

**教皇**　復古主義者の小さなグループが増加しています。私は原理主義者と呼んでいるのですが、先ほどあなたがおっしゃったように、不確実な時代の産物か、それらの集団では上が若い連中に「あれをしなさい」、「これをしなさい」と命じる。すると十六、七歳の少年少女が熱狂してしまう。厳格な指令に心酔するあまり自分の人生を担保にした状態が続く。

ところが、三十歳ぐらいで突然破裂する。なぜか？　人生で直面する幾千もの危機を乗り越える用意ができていない、挫折も味わったことがない、人が犯す過ちに免疫がない。本来そういった経験をすべき思春期や青年期を経ておらず、神の慈悲といった大切なものに出会い、理解する機会もなかったのですから、無理もありません。

一見強固に映るこの手の厳格な信仰心は、自分たちを正当化するような教義に満ちています。宗教をよそおって、その実、個人の意志や成長を阻む。行き着くところは二重生活です。

**ラビ**　原理主義は、思想というより一つの姿勢に思えます。ものごとはこうあるべきだと定めたら、議論は生じないし、別のものになる可能性も否定する。極端ゆえに対極にあるものを忌《い》み嫌う。そうではなく中間部分に目を向けねばならない。中世にマイモニデスが説いた中庸の徳、「黄金の道」を見出だすことが必要です。

これは宗教に限った話ではなく、政治その他の分野にも言えることです。よくも悪くも宗教の影響は大きいですから、宗教面で悪化すると、社会は著しく損なわれてしまう。過去の忌まわしい犯罪を見てもそうですが、人間の尊厳や信仰心を破壊するので後遺症は深刻です。その結果、人々のあいだにあった信頼まで損なわれてしまいます。信仰心と言っても、神への信仰から人々の和解と平和の実現への信仰まで、広い意味での信仰心です。


**教皇** 全般的にどの宗教においても、原理主義者はよくわからない異質のものと見なされます。だからこそ、地域にある原理主義集団やそのリーダーがどんな考えを持っているのか把握しておくことが重要です。自分には危害を加えてこないし、騙《だま》されないから大丈夫というお気楽者もいますが、本能的に〝これは私が望む道ではない〟と感じることはできます。

神の命令は《あなたはわたしの前を歩み、全《まった》き者であれ》(創世記一七章一節)。誰でも歩き出せば何ごとかに出くわしますが、神はそれを承知している。全き者であれとの言葉には、自分が犯した過ちを悔いることも含まれているのです。

ひるがえって原理主義者は、一つの過ちさえ認めないし、耐えられない。健全な共同体なら、すぐ違和感を覚えます。原理主義者を前にして「この人は過激主義者らしい、度を越している、もう少し寛容でもいいのではないか」との疑問が湧くはずです。原理主義は神が望むものではありません。

私が子どもの頃、うちの家族は原理主義とは行かないまでも、かなり厳格なほうだったと思います。近所で離婚や別居をした夫婦がいると、その家には絶対に足を踏み入れない。プロテスタントはみな地獄に落ちると信じられていた、そんな時代のことです。あるとき、祖母と一緒に歩いていて救世軍の女性二人とすれ違いました。まだほんの五、六歳だった私が彼女たちの古風な帽子に目を奪われ、「あの人たちは修道女なの？」と尋ねると、祖母はこう答えたのです。「いいや、彼女たちはプロテスタントさ。だけどよい人たちだよ」

信仰が違っても、よい人はよい人。その態度こそが真の宗教の知恵だと今でも思います。当時の厳格な習慣に反するものではありましたが、おかげで偏見を持たずに済みました。

**ラビ**　フランスのとても有名な研究者ジル・ケペルの『宗教の報復』は、イスラム原理主義について検証した本ですが、ユダヤ教とキリスト教の原理主義にも触れていましてね。七〇年代の石油ショックなど、さまざまな危機のなかで、いかにして原理主義が台頭してきたかを政治的・経済的に分析しています。社会学の観点から現象を扱う。大衆心理学の理論をもとにすれば、原理主義に関する論理や説明を見出だすことができるかもしれません。
ご多分に漏れずユダヤ教にも原理主義は存在します。非常に痛ましい現実ではありますが、イツハク・ラビン暗殺事件などがその実例です。自由の精神に基づいて神を敬う、と同時に人間を敬う姿勢が重要です。自分を尊重するのと同様に他者も尊重すべきだと神は述べています。

ユダヤ人が日々捧げる祈りは《われらの神、われらの父祖の神、アブラハムの神、イサクの神、ヤコブの神……》と始まります。なぜ族長ごとに神という言葉を繰り返さねばならないのか？ それは、一人一人が自分のやり方で神と接してきたからです。

独断的な判断で他者に「真理」を強いることは誰にも許されません。強いるのではなく教え導く必要がある。そのうえで、それぞれのやり方で真理を表現し、誠実に受けとめていく。原理主義者が最も嫌う行為がまさにそれなのですが。

**教皇** 生ける神から遠ざかっている、その手の復古的原理主義もアヘンです。あらゆる崇拝の的と同様、アヘンは人々を駆り立てます。「これさえすれば万事上手くいく。これさえすれば不自由しない」と、神を、条件つきで操れる存在に貶《おとし》めてしまう。それでは幸せや健康、運命を買う行為になりかねません。人生という道のりを共に歩んでくれる、生ける神とはほど遠いものです。

**ラビ** 原理主義の物の見方は、必然的に他者への批判や裁きをもたらします。自分は神の言葉どおりに生きている。したがって、そうでない者を殺す権利があるはずだ。これなどは極端な例ですが、憎悪を伴う原理主義の最たるもの。あなたが述べたように別の形でのアヘン中毒でしょう。

これをすればものごとは上手《うま》くいく。そんな安易な思いに駆られ、奇跡を起こす者や神秘主義者、カバラ主義者のもとに通う金持ちがどんなに多いか。慈善事業や教育施設、孤児院、ストリート・チルドレンの救済のためと称して巨額の寄付をするが、裏には「ラビにはコネがあるに違いない」とか「商売に有利に働くよう影響力を与えられる」とかいった思惑がある。まるで神が譲渡可能であるかのように。

カトリック教会でも似たような例はありますか？

**教皇**　ありますよ。神のご加護に金を払い、神を買ってしまう。むしろ神を買収すると言ったほうが近いかもしれません。そういった低俗な関係には神は取り合いませんから、そんな人の唱える祈りは、単なる独り言にすぎなくなります。

**ラビ**　考えてみれば、賄賂《わいろ》はペアで踊るタンゴのように、差し出す側と受け取る側があって初めて成立するものですからね。贈る信者だけでなく、受け取る聖職者にも問題がある。

**教皇**　今と違って為替レートが一ドル一ペソだった頃、貧困地区支援の予算があると言って、役人が二人フローレス地区の司教総代理事務所を訪ねてきたことがありました。自分たちは敬虔なカトリック信者で四〇万ペソを拠出できると。

お人好しで騙《だま》されやすい私ですが、そういった話には警戒心が強く働く。事業計画の内容を具体的に質《ただ》すと、あれこれ説明した末、私が同意して書類に署名すれば四〇万ペソの半分を渡すという。要するに半分は彼らの取り分。何のことはない、不正行為ですよ。

妙案がひらめいて彼らに告げたんです。困ったことに事務所は銀行口座がなく、私自身も持っていない。ローマ教皇庁に直接寄付する形になるが、それでもいいだろうか？　ただし、小切手しか受けつけないし、残高証明も必要だし……そうしたらそそくさと退散していきましたよ。

騙す相手を間違えたとしか思えない。その一方で、過去にそれで上手くいった経験があるのだろうとも思いました。つまり以前、教会のなかに協力した者がいたということです。

**ラビ**　結局、組織を構成するのは人間だということか……。

# 第10章　死について

**教皇**　神はつねに命を与える存在です。この世の命だけでなくあの世の命も。命の神であり、死の神ではない。

カトリック神学における悪の解釈には、罪が関連してきます。悪魔の策略によって、この世に悪が入り込んだ。前に話したとおり、神が人間を最も完璧な存在として創造したのを妬《ねた》んで、悪魔がこの世にはびこるようになったのです。

また、われわれの信仰では、死は人間の自由意志の結果とされています。人間が自らの意志で神に背き、原罪を犯したがゆえに、人間には死がもたらされるようになった。死を選択したのは人間です。神の計画に対する尊大な態度として罪が、罪と共に死が入ってきたのです。

**ラビ**　ユダヤ教では、死についてはさまざまな解釈があります。原罪という概念はありませんが、次のような説明がなされています（ベラホット項40ａ）。エデンの園には二本の樹があった。一本は善悪の知恵の樹、もう一本は生命の樹。実質的にはどちらも同じ樹だった。善悪の知恵の樹は、よく言われるリンゴの樹ではなくイチジクの樹のようで、その葉でアダムとエバは衣服を作った。神の掟に違反行為をさせるきっかけとなった樹が、後に体をまとうのに役立ったというわけです。双方ごくありふれた樹だったが、人間がしてはいけないことや、すべての主《あるじ》でないことを憶えさせるものだった。ところが、人間は神に挑んだ。

人間の犯した違反行為（罪）については実に多くの解釈がなされていますが、そこに教義的なものはありません。何かが失われたが、何かは定かでない。人間のなかで霊的な何かが死んだが、死は自然界の一部としてすでに存在していたと。

私は神が人間を創造すると同時に命の有限さを定めたのではないかと思います。そうなると、死というものにも何らかの肯定的な面があるのかもしれません。神が創ったものは何であれ、善のために生み出されたものですから。

死というテーマを論じるのは容易ではありません。逆説的ですが、死は生に対する大いなる問いかけとも言えます。強いて定義づけるなら、地上の旅路で、われわれが何をしていくかを定めるもの。「創世記」で言うように塵に還る、死ねば何もかもが終わりであると考えると、われわれは何らかの意義を求めて生きるのではなく、今ここでのことに気を奪われて快楽的な生き方や自己中心的、自己崇拝的な方向に行ってしまうかもしれない。

一方、人間と樹は似ています。一つの周期を果たし、実を結び、やがてその実の種が次の新たな周期を生み出していく。地上にいる期間が重要であることを、命はわれわれに示しているのではないでしょうか？

聖書の記述には、死後人間に何が起こるかについて具体的な説明はありませんが、人が現在やることが子に反映されると強調しています。宗教文献には親から子、世代から世代へと受け継がれる呪いのさまざまな記述があります。

神がサムエルに告げた、祭司エリへの呪い。息子たちが正しい行ないをしていないにもかかわらず、戒めなかったのがエリでした。彼への呪いは子々孫々続きました（サムエル記上三章一一～一四節）。

エレミヤはわれわれが知る限り、その手の呪いを受けた最後の人物です。結婚もせず、子どももなく、家庭も築かなかった預言者は、エルサレムの崩壊を預言したがために、《国じゅうの争いの相手、喧嘩の相手となっている。私は貸したことも、借りたこともないのに、みな私を呪っている》と嘆き、悲しんでいます（エレミヤ書一五章一〇節）。

聖書には簡潔に綴られているだけなので、ユダヤ教ではタルムードで公式な解釈がされています。そこでは、来《きた》るべき世の概念がはっきりと記されています。地獄やエデンと呼ばれる楽園の概念もありますが、それらはどのようにして生まれたのでしょうか。公正な者が苦しむのはなぜか？と賢者たちが自問したのと同じです。そのとき神の正義はどこにあったのか？　ハドリアヌス・ローマ皇帝の時代、トーラーの教えを伝えたかっただけの賢者たちがローマ兵に殺されねばならなかった理由は何なのか？　なぜ神はそれを許したのか？　それに対する答えは、別の生が存在し、そこで地上でやったことが反映される。悪事のつけは払うということです。別の生とは直観的なもので、深い信仰体験から生まれてくるものです。

不可知論者も含め、人間が崇高な存在であると信じる者は、死は単なる自己の消滅ではなく、次の世代である子や弟子たちのために何らかの財産を残す挑戦と考えます。それは文字どおりの物質的な遺産ではなく、精神的なものや、価値観と大きく結びつくものです。

**教皇**　遺産に関してつけ加えたいことがあります。遺産を残すべきと考えるのは、人類学的・宗教的観点から見て非常に真摯な人間の尊厳の表れです。人は自身に言い聞かせます、私は私にとどまらない、私の人生のみで終わらない、少なくとも子どもらに遺産を託すのだと。子がいなくても遺産がある場合もある。

聖書でもたとえば「列王記上」(二一章)のナボテのブトウ畑のくだりに、先祖の譲りの地を売ることはできないとはっきり示されています。受け継いだものはよく手入れをして次世代へと引き継がねばならない。天涯孤独で遺産もなければ一代限りで終わりますが。個人は死んでも、遺産は人類と共に生きつづけます。何かを引き継いだなら、よりよいものにして残していくべきです。若い時分は人生の終わりに意識が向かず、今この瞬間を重視しがちです。

私は祖母が教えてくれた二つの言葉を覚えていました。一つはナイトテーブルのガラス敷きの下に挟んで、寝る前にいつも読んでいたものです。

《ほら、神がお前を見ている。
神さまがお前を見ているよ。
お前は死なねばならないが、
それがいつかはわからない》

もう一つは、祖母が昔、イタリアの墓地で目にした言葉。

《道行く人よ、歩を止めて、
一寸《ちょっと》考えてみてほしい。
今の歩みが自分にとって、
最後の一歩だったらと》

幼い私に祖母が叩き込んだのは、すべてには終わりがあるが、何ごともよい形で終えなければならないという意識でした。七十年前の話ですが、記憶に刻み込まれています。

キリスト教徒にとって死とは、人生という道のりの同伴者のようなものです。私は毎日、死を意識して暮らしています。不安には思いません。神と人生が死の準備をさせてくれているのですから。家族や親戚が死ぬのを見てきた私に、今度は番が回ってくるだけのことです。いつになるかは分かりませんが。

キリスト教の伝統行事である復活祭で、ラテン語で読み上げられる一節に、驚くことに生と死が真っ向から戦うというものがあります。生物学の観点だけでなく、われわれ一人一人のなかで生と死のせめぎ合いが起こっている。いかに生き、いかに死ぬかを指しているのかもしれません。

福音書には最後の審判の記述が出ますが、こちらは愛に基づいています。イエスは、自分の右側に隣人に救いの手を差し伸べた者たち、左側にはそれをしなかった者たちを置くと、《あなたがたが最も小さいわたしの兄弟の一人にしたのは、わたしにしたことだ》と言います（マタイ福音書二五章三一～四六節）。キリスト教徒にとって、隣人はキリストの人格《ペルソナ》なのです。

**ラビ**　内で起こる生と死のせめぎ合いの話は興味深いですね。私は「生の衝動」と「死の衝動」という言葉を使わせてもらいます。両者は必ずしもフロイトがすべて発見したものではありません。聖書の「申命記」の一節（三〇章一九～二〇節）に出てきます。モーセがイスラエルの民に対し、神が天と地を証人に立て、彼らの人生に命と死、祝福と呪いを置いたこと、それは命を選ぶためだと説く場面です。
そのような緊張状態は人の内面にも存在します。肉体は生きていても、精神的には死んでいる人もいますし。ウルグアイの劇作家フロレンシオ・サンチェスが、著作『死者たち』の登場人物の一人に言わせた台詞《せりふ》《個性がない人間はみな、生ける屍《しかばね》だ》を思い出しました。

死というのは実に奥深い概念だと思います。精神的な自殺もあれば、ヘビースモーカーのように緩やかな自殺もある。時と場合によるかもしれませんが、自身や周囲の人命軽視の表れとも言えます。タバコを吸うことで、たえず死と戯《たわむ》れていると言ってもいいかもしれません。

それはともかく、日々の生活で死にどのように向き合うか、死に対する不安とどのように折り合いをつけていくかは、考える必要があります。私の場合、信仰を通じて死の不安を考えているわけですが、実際に死んだら今とは別の霊的現実に入っていくのではないかと考えます。死後に別の生がある。もっとも、今から死後の世界を細かく論じるのも不遜《ふそん》な気がしますね。少なくとも、われわれには垣間見ることすらできないわけですから。

**教皇**　一般的に「信じる」という言葉は意見と同義に使われますが、今ここでわれわれが使っているのは、むしろ断言や賛同に近いものです。したがって、私が「この世ではないあちらには何かあると信じる」と述べた場合、ほとんど確信していると捉えてください。

あちら側の人生はこの世での神との出会いによって形作られるもので、それは神と出会った驚きから始まります。モーセが神と出会ったのは八十歳、お腹も出て久しい年頃です。舅《しゅうと》の羊の群れを追っている最中、突然柴が燃え、仰天する。炎のなかに《神を見た》と言います（出エジプト記三章一〜二節)。

聖書の別の箇所、「士師記」(一三章二二節)では、神を見た後、死の恐怖を味わいます。神を見た罰ではなく、別の領域を垣間見たことで、いずれ自分がそこに向かうと分かってしまったからです。聖書に見られる、来世の解釈のなかでも、比較的面白いものでしょうね。永久に驚いたままの状態ではいられないが、驚いた瞬間の記憶はけっして忘れない。

別の生が存在すると信じるのは、この世でそれを感じ始めたからです。ただし、穏やかな感情ではなく、神が現れた驚愕によってです。


**ラビ** 今あなたが述べたような驚きを覚えない人が、世のなかには大勢います。そういう人こそ不可知論者と呼びたいですね。とはいえ、彼らは死をごく当然なものとして受け入れています。辛いのは嫌だし、苦しみながら死にたくもないが、死への不安はなく「そのときはそのときだ」という。だから、来世は死の恐怖を和らげるための神学上の作りごとにすぎないという理論を、私自身は信じていません。

死に対する恐れにもいろいろあるでしょう。未知なるものへの不安だとも考えられます。人生のあらゆる変化が不安の状態を引き起こす。人生経験のなかには容易に説明できないものもあれば、何らかのメッセージを突きつけてくるものもあります。

青年期に聖書の預言書を学んでいた頃のことを思い出します。預言者たちの鼓動を私も感じ、預言者と神との対話も現実味を帯びていました。苦難を味わった父や祖父だけでなく、大量虐殺で亡くなった見知らぬ人々、多くの同胞たちに連綿と受け継がれている伝統のようなもの、何か特別なものを突きつけられた感覚です。

なぜそんなものを感じたのか？　遺伝子に刻み込まれているのか？　意識や潜在意識を超えたところにあるもの。別の次元、別の現実の存在を意味しているような気がしますね。

**教皇**　来世を信じることが、不安を回避するための心理的メカニズムだとしても、あまり役には立たないでしょう。結局恐怖は襲ってきますから。死は生の消滅ゆえに、不安を覚える。生に執着し、あちらの世界には行きたくない、死ぬのは怖いというわけです。その状態から解放してくれるあの世の像などありません。

信仰心がある人でも死に何かを奪われると感じ、人生の一部、生きた証を遺そうとする。死の感覚は遺せませんからね。臨死体験のある人には語れるかもしれませんが。

福音書でもイエス自身がオリーブ山での祈りの前に《わたしの魂は悲しみのあまり死ぬほどだ》と言っています。すでに書き記されている未来に恐れを抱いているというのです。十字架上では《わが神、わが神、なぜわたしをお見捨てになったのですか？》と、「詩編」二二編一節を唱えて死んでいく。

死を免れる者は誰もいないのです。私は神の慈悲を信じています。神は情け深い方です。苦悩に麻酔を打つのではなく、耐え忍ぶ用意はできているとでも言えばいいでしょうか。

**ラビ**　われわれの時に限りがあることを知るのは辛いですが、終わりがいつか分からないのはもっと不安でしょう。自分の存在は、自然のなかの意味のない出来事で、死と共に消えてなくなる。それはそれで、あまりに無情で辛すぎる。だったら、人生には何の価値も意義も正義もないじゃないか……というのは極論でしょう。

突きつめていくと、死に対する考え方は二つに集約されます。一方は、神を信じない者の考え方で、人間的なものに価値があり、そこに含まれる善意や正義のメッセージが死後も世代ごとに受け継がれていくというもの。他方は、われわれのように神を信じる者の考え方で、神の光が人間の内にも宿っていて、死はある段階から別の段階へと移ることにすぎないというもの。

**教皇**　つい先日、二世紀のある著作を読んでいたら、復活祭を道全体と捉えている記述に出くわしました。それを人生に譬《たと》えて、《自分の向かうべき方向を見失うな。旅の途中であまり楽しまぬよう気をつけろ。熱中しすぎて目的地を忘れては元も子もない》といった内容でしてね。われわれは旅の途中にあるのを自覚しなければならない、その軌跡にこそ創造力を発揮した結果が現れている。現世を変えてゆくのがわれわれの仕事だが、神との約束の途上にあることは忘れてはならない。

道を歩むことは《産めよ、増えよ、地を従わせよ》（創世記一章二八節）という神の命令を果たすための責務とも言えます。初期のキリスト教徒は死を希望と結びつけ、錨を象徴としていました。岸辺に沈めた錨が希望であり、人は錨から延びたロープをたぐり寄せてそれることなく進んでいく。救いは希望にあるが、自分たちのすべきことを信じて進む。

聖パウロも《わたしたちは、この希望によって救われています》（ローマ人への手紙八章二四節）と言っています。

**ラビ**　希望（esperanza）は待つ（esperar）と語幹が同じでも、目標に対する消極的な行為を意味していません。積極的に動くこともできます。ユダヤ民族は二千年にわたって約束の地に戻る希望を抱いて暮らした。長らく神に祈るのみだったが、時機が到来して、多くのユダヤ人がヨーロッパからイスラエルに移住した。希望を抱くことと楽観主義とは違います。楽観主義は目標ではなく、人生の一つの見方です。

**教皇**　楽観主義とは心理的事象、人生に対する一つの態度です。コップ半分の水をまだ半分あると捉える人と、もう半分しかないと捉える人がいるように。希望はそれと比べてどこか受身な感じがしますが、おそらくもともと神からの賜物だからでしょう。希望の徳は人間自身で獲得できるものではなく、神から与えられるものです。問題はその力を個々人がどう使い、どうコントロールし、どう受け入れていくかとなりますが……。

キリスト教の概念で、希望すなわち望徳は、信徳・愛徳と並ぶ三つの対神徳の一つですが、道程で後押ししてくれるのはやはり望徳です。

道を歩むうえで陥りやすい危険は、道そのものに酔いしれて方向を見失うこと。もう一つはキエティスム（静寂主義）。目標は見ているが道で何もしないというものです。キリスト教の歴史にはキエティストが幅をきかせていた時代もありましたが、これは土地を耕し、顔に汗を流して糧を得よ、働け、と命じた神の命令に背く行動だと思います。

**ラビ**　篤い信仰心に満たされた人は、死と向き合う際も際立った穏やかさで迎えます。私たちのコミュニティーにいた一人の男性が脳裏に浮かびます。信仰の塊のようなユダヤ人でしたが、あるとき娘さんから連絡が入りました。余命幾ばくもないと医師から告げられたので、会いに来てくれないかと。当然承諾しました。末期なら悲惨な状態かもしれないと思って出向いたら、本人はいつものように明晰そのもの、とても死を目前にしているふうではない。病人と接している感じもなく、これまで同様に会話ができました。もちろん娘さんから末期だと聞かされていたので、それなりに気は遣いましたが。

別れ際、これで最期になるだろうと、ヘブライ語で「シャローム（平安がありますよう）」

と別れを告げたところ、相手は握手を求めた後、こんなふうに返してきました。「ええ、ラビ。あの世でお会いしましょう」

多大な信仰心と完全なる心の平穏を保っていた彼は、命にあふれてこの世の生に別れを告げたのです。それから二日後に亡くなりました。

**教皇**　それでも恐怖はあったでしょうね。生を手放す、別離の瞬間ですから。死期が近づいている人には、それが分かるそうです。生への執着を解き放つのは容易ではないが、飛び発つ瞬間、神が手を取ってくれると、私は考えています。自分一人ではできないから、神の手にゆだねてしまうべきだと。

**ラビ**　若くして死と向き合った人は、人生でできなかったあらゆることを思うらしいです。苦悩に駆られて「まだあれもこれもしていない」と。職に就くこと、父親になることなど、若者には先がありますからね。ある程度生きた人なら、恐怖はあっても、もう少し違った形で死と向き合えるかもしれません。

ユダヤ教神秘主義では、死後、その人の魂はすぐには上へ行かずに、臨終の場にとどまると説いています。死ぬ行為における苦悩や手放すことの難しさの表れとも言えます。そんななか、平穏な死を迎えられる人がいる。身をゆだねる形で不安を軽減し、最期を迎えられる人がいる。人生が終わったというよりは、偉大なる存在に身をゆだねたという感覚なのかもしれません。

# 第11章　安楽死について

**ラビ**　人間の健康状態の回復に、医学が力を貸すことの大切さは疑いようもありません。しかし、過剰な治療は考えものです！　治る見込みがない患者の命を人工的に引き延ばしても、家族にさらなる苦悩を強いるだけ。無数のチューブをつながれ、生存しつづけたところで、本人にとっても意味がない。延命するなら、人間的に生きられるのが条件です。

**教皇**　カトリックの道徳でも同じことを言っています。末期の患者であってもできる限りの治療は必要だが、生きる質（クオリティー・オブ・ライフ）は保証されるべきであると。この場合、医学が威力を発揮しなければならないのは、余命を一日でも長く延ばすことではなく、できるだけ苦しまずに済むようにすることです。患者の側に不必要な延命措置を受ける義務はありません。人間の尊厳にも反しますし。

これは安楽死とは違います。安楽死は殺人です。近年、治療は社会保障のきく範囲まで、あとは「神にゆだねよう」と貧しい者を病院から放り出す、あるいは老人がしかるべき介護を受けられず、使い捨てにされるといった隠れ安楽死も存在しているようですが。最低限の治療すらせずに患者を放置する、これは別の形での殺人行為だと思います。


**ラビ**　人間の尊厳に反する延命は好ましくない、私もまったく同感です。

安楽死については実に厄介です。悲惨な状況で生きている人が、何らかの形で自分の命を縮めてくれと求めることは現実に起こっていますから。

自ら安楽死を求める、そこにはこの肉体や存在は自分が所有しているという思いが見受けられる。われわれ二人が反対の立場をとる理由はそこにあります。われわれは自分たちの存在、自由意志を与えてくれたのは神であると信じているからです。

自殺行為に及ぶのは、自分の存在は自分のもの、生死を決めるのも自分であると主張しているようなもの。それは神に対する大いなる否定です。

**教皇**　人生の目的に向かって歩きつづけなかった、進むべき道に自ら終止符を打ったという理由で、かつては自殺者の葬儀をしなかった時期もあります。
私は、さまざまな矛盾を克服できなかった者の行為として、今は尊重することにしています。あとは神の慈悲にゆだねます。

**ラビ**　ユダヤ教では自殺に対し大きく二つの見解があります。一つは自殺者を通常とは違う別の場所に埋葬し、ある種の追悼の祈りの言葉を制限する。もう一つは自殺をした者も最後の瞬間、自分の行為を後悔したに違いないと見なす。不本意ながら自殺に及んだのだと捉え、罰しないという考え。その一方で、他の者に影響を及ぼすから罪だという考えもあります。

私は自殺に直面した際、親族に対し、病んで目がくらみ、自分でもしていることがわからなくなっていたのだろう、重度の鬱《うつ》状態が心身に不均衡をもたらし、生きつづける気力を失い、自ら命を絶つに至ったのだろうと説明しています。悲痛な面持ちで自問する遺族を前に、故人の記憶や思いを救うよう努めます。そうでないと、死んだその人の人生は何の意味もなさなかったということになってしまう。さすがに私もそれはできません。

**教皇**　病んでいたというのは的確な表現かもしれませんね。逆説的ですが、何もかも自分で決断ができなくなるところまで来てしまった。自殺を尊大な行為としてではなく、そんなふうに解釈するほうがずっといいです。

それはともかく安楽死の話に戻すと、現在、隠れ安楽死は横行しています。生存の見込みがあるのなら必要な治療は施すべきです。しかし、治る見込みがない末期の患者にまで延命措置を受ける義務はありません。二、三日延びたところで、どうにもならないでしょう。

**ラビ**　タルムード流に表現するなら、過剰な延命は生かすというより死なせない行為。とりあえず生きつづけはしますが、患者の脳機能が失われ、活動していないことが確認された時点で、生命を維持していた医療器具の電源を一つ一つ切っていくべきではないでしょうか。患者にも家族にも必要以上の負担を強いるのは反対ですね。

ユダヤ教の律法《ハラハー》では、衰弱し、死を迎えるだけの状態になったら、生命維持装置を外すことが認められています。つまり、死ぬのを阻むものがあるなら取り除けということです。自らが安楽死を願うことと、過剰な延命を強いられるのとでは根本的に違いますから。

手の施しようがないなら、いたずらに命を延ばしても意味がない。先が見えていても、尊厳を持って生きていくために治療や手術をするのはいいですが、まったく生存の見込みがないと分かっているなら、残りの日々をなるべく穏やかに過ごしてもらうべきでしょう。これは病状が悪化し、末期を迎えているようなケースでの話です。瀕死状態にあって、あと一日しか持たない者に輸血をしても仕方がない。回復の見込みもないのに人工呼吸器をつけても意味がない。痛みで苦しんでいるのなら、鎮痛剤や痛みを和らげる措置を施す。それ以上のことはすべきではない。断末魔の苦しみを引き延ばすのは、とてもその人の命を敬う行為とは思えません。

**教皇**　カトリック教会の道徳では、治る見込みのない場合に、過剰な延命措置を強いてはならないことになっています。すでに生命を失った命を引きとめないということです。回復の可能性が残っているうちは、できる限り手を尽くす。しかし、特別な治療は回復の見込みがある場合にのみなされるべきです。

# 第12章　高齢者について

ラビ　老年期を過ごすのは簡単ではありません。聖書でも、エジプト王ファラオに尋ねられたヤコブが《私のたどった年月は百三十年です。私の齢の年月はわずかで、不幸せで》と答えています（創世記四七章九節）。

老年期は、将来を見すえる代わりに過去を振り返るようになる、複雑な時期に当たりますが、つねに情熱を持って生きてきた人にとっては素晴らしいものになります。そこへ至るまでに人生の意義を理解することができたからです。

ところが今日、老年は危惧すべき事柄と化しています。現代文化が高齢者を廃棄物のように見なしているためです。人間に多少のくつろぎを与えるのではなく、もっともっと走れと追い立てる社会の風潮がそうさせたとも言えます。物欲だけの問題ではありません。やれスポーツジムだ、旅行だと、何かしていなければ気が済まない。これでは高齢者に目を向ける時間など残りません。

感情面に焦点を当てても、高齢者が孤独にさいなまれている状況は深刻です。仲のよかった友人たちが一人ずつ亡くなっていく、世代間の断絶で子や孫たちと会話が成り立たないなど、要因はいろいろです。

しかし高齢者は物ではない。敬い、守るべき人間です。ブエノスアイレス市内だけでもどれだけの老人介護施設があることか。入所直後に「果たしてこれが私に見合った生活環境なのだろうか?」と自問する人も多いと言います。

今日、高齢者たちは社会から疎外されています。聖書には《白髪の人の前では起立し、老人を敬え》(レビ記一九章三二節)と記されているのに。誇りを持って人生を戦い抜いてきた者が、老いて晩年を孤独のうちに寂しく過ごす、その姿を目の当たりにするのは辛いものがあります。介護施設には医療面で一〇〇点満点の場所もあります。しかし精神面ではとてもとても……高齢者にも愛情や喜び、対話が不可欠です。

**教皇**　使い捨ての件について触れておきたいことがあります。かつてわれわれの社会では抑圧する者とされる者という図式が主流でした。時代と共にそれだけでは足りず、社会に含まれる者と含まれない者という分類も作らなければならなくなりました。今や必要とされる者とされない者という区分まで加えねばなりません。

快楽主義、自己偏愛主義が渦巻く文化で、いつしか人間が使い捨ての存在になってしまった。高齢者は、その役に立つ、立たないという対象の最たるものです。

多くの夫婦が共働きを強いられ、年老いた親を施設に入れざるをえないのは理解できますが、仕事が理由でない場合が多いのも確かです。家にいると邪魔だ、臭いからといった単なるエゴで放り込む。夏のあいだタンスにしまっておくコートのように扱ってです。

ほかに選択肢がなく、考え抜いた末に、親を施設に入れる人も多いですが、関係が良好かどうかは、週末ごとに訪問したり、自宅に連れて行ったりといった、その後の行動を見ればよく分かります。この場合はたとえ施設に入れたとしても、放棄しているわけではない。家族の一員として扱っているのだから。しかも経済面や時間の負担も承知のうえでしている。

ところが、そのような例は稀で、介護施設を訪れ、入所者に子どもの様子を尋ねると、多くは「仕事が忙しいらしく、なかなか来てくれない」と答え、あとは口を閉ざしてしまう。

衣食住を与え、学校教育を受けさせた親たちが、子に見捨てられている現実を突きつけられてしまう。そのことを彼らも自覚しているだけに、私には耐えがたいし、心のなかでいつも涙しています。これは前回話した、病院や施設内で必要な薬や治療を与えられず結果的に安楽死になることを言っているのではありません。

老人は民衆、祖国、家族、文化、宗教などの記憶をよみがえらせてくれる歴史の伝達者。たとえ愚かな行為をしてきたとしても、生き字引に変わりはなく、尊重すべき存在です。《あなたの父と母を敬え。あなたの神、主が与えようとしておられる地で、あなたの齢《よわい》が長くなるためである》という十戒の第五戒を唯一の約束事にしたらどうか、とすら考えます。尊厳を持ってこの世に生を受けた人間が老いても祝福に変わりはない。老いに対する神の姿勢を示している気がします。

　自分の両親に慈悲を注いで生きてきた者に、神は限りない愛情を注ぐに違いない。そう思って暮らしていきたいものです。

　私も七十四歳ですから老齢の域に達していますが、必要以上の抵抗はしません。準備しています。どうせなら酸っぱいワインではなく熟成された極上のワインになりたい。老人の苦々しい思いほど質《たち》の悪いものはありません。今さら取り返しがつかないのですから。老いた人は平穏で安定した暮らしをすべきですし、私もそのような恩恵を求めます。


**ラビ**　あなたが以前おっしゃったように、人生ではさまざまな場面で準備をしなくてはならない。これは老いについても同様です。

　高齢者との同居は精神的負担となる場合が多い。家族の側に老年期に対する理解や心の準備ができておらず、ストレスを溜め、邪険に扱ってしまう。幼い頃に両親から手本を示され、生き方や家族のあり方を学んだ子どもなら、ある時点まで成長すればおのずと感謝の念が芽生えます。

　老いて知性を発揮する親を持つのは素晴らしいことです。成長した子との対話が成り立つのですから。私の父は年をとるにつれて冴《さ》えわたっていきましてね。尊厳に満ちた死の迎え方も、私にとって計り知れない教訓となりました。

誰もがそうなるわけではなく、心身が著しく衰退する場合もあります。いかに高齢者と向き合い、愛情を持って接するかは社会全体の大きな挑戦です。両親を敬うことが簡単にできるのなら、わざわざ神が戒律に挙げることもなかったでしょう。使い捨ての文化が根づいた現代社会には、高齢者に対する蔑《さげす》みや排除の風潮まで現れました。自分が役に立たないと感じた人は安楽死や自殺によって人生を放棄してしまいます。

**教皇**　こういった話になると思い出すのが「申命記」二六章でしてね。《私は、主が私たちに与えると先祖たちに誓われた地に入りました》

この世に生まれたときには育ててくれる親がいて、祖父母が建てた家に住み、何代も前の先祖が植えた樹の実を食べ……と、われわれは人生の当初から先人の恩恵にあずかっています。

一人の老人を見ることとは、その人の歩んだ道のりが私にもつながっているのだと認識することでもあります。神の壮大な計画の一部として、遠い祖先から子孫に至る流れのなかに目の前の人も存在しているのです。歴史が自分たちから始まっていると錯覚したとき、高齢者への敬意は失われます。

しばしば気が滅入ると聖書を開きますが、立ち返る箇所の一つがこの章です。私も連綿と続く流れの一部を担っている、先人たちを敬い、後に続く者たちも彼らを敬うようになるよう、遺産を引き継いでいかねばならない。遺産の継承は老年期における最も強力な行為の一つではないでしょうか。

意識的にせよ無意識にせよ、高齢者は人生の遺言を残す必要性を感じている。たとえ表に出さなくても、そのように思って日々を暮らしている。私は幸運にも、四人の祖父母と出会えました。十六歳のときに一人目の祖父が亡くなりましたが、四人ともそれぞれ違う形で何かしら残してくれましたし、私も彼らと過ごした日々を覚えています。年老いた者たちの知恵は貴重な財産でしたから、敬うのは当然です。

# 第13章　女性について

**教皇**　カトリックでは、ことばの典礼（聖書朗読）を導く女性は多くいますが、聖職に就くことはできません。キリスト教信仰の最高権威者であるイエスが男性だからです。神学的観点に基づく伝統からも、聖職は男性の役目とされています。

女性には聖母マリアの姿を映すという別の役目があります。共同体の人々を迎え入れ、微《ほほ》笑《え》みかける母親。母性や慈愛は紛れもなく女性に備わった賜物です。この富を取り入れなければ、宗教に基づく共同体は男性偏重の色が濃くなるばかりか、著しく厳格で、聖なるものでなくなりかねません。

誤解しないでほしいのは、聖職者になれないからといって、男性より劣る存在ではないということ。われわれカトリックの解釈では、聖母マリアのほうが使徒よりも上に位置づけられているほどですからね。二世紀に活躍したある修道士は、キリスト教信仰には三つの女性的な側面があると言います。主イエスの母親マリア、教会、魂。いずれもスペイン語では女性名詞です。ただ、これまでカトリック教会における女性の存在感は、必ずしも際立っているとは言いがたいものでした。男性偏重の風潮で共同体内でも女性にあまり目立った活動をさせなかったためです。

**ラビ**　キリスト教は、聖職者については父系制とするヘブライ語聖書を基にしている。なのにユダヤ人の条件については、母親がユダヤ人なら子どもはユダヤ人というように、なぜか母系制にしていますね。

ユダヤ教でもかつてはカトリック同様、祭司は男性でした。今日では祭司は存在せず、ラビと呼ばれる教師のみです。したがって、女性であってもトーラーの知識が十分ある者は、ユダヤの律法に則ってどう行動すべきかを教え、問いに答えることができます。

**教皇**　「教会はキリストの花嫁である」というように、カトリック教徒は教会を女性的なものとして捉えます。外部の攻撃、内面の葛藤にさらされる教会は、いかなるときにも重要な場所でした。人間の最大の敵たる悪魔は、生命の変容や救いが絶え間なくあるところに出没します。生命を生み出す女性が歴史上つねに虐げられたのも、そのせいかもしれません。

男性への隷属を強いられ、利用され、脇に追いやられる。しかし、聖書のなかにはルツやユディトなど、英雄として語り継がれる女性も少なからずいます。

ここで一言、言っておきたいことがあるのですが、独特な思想としての男女同権主義、いわゆるフェミニズムは、それを自認する者にもまわりにもあまりよい影響をもたらさないと思います。権利を回復する戦いだけになってしまっては元も子もありません。女性の価値はそれ以上のものであるはずですから。

二十世紀のフェミニズム運動は、確かにある程度望んでいたことを達成したかもしれませんが、それによって真の尊厳が得られたか、社会に認知されたかというと、多少疑問が残ります。それまではびこっていたマチスモ（男性優位主義）が、単にスカートをはいただけではないかと揶揄《やゆ》されても仕方がない部分もありますね。

**ラビ**　ユダヤ教伝統派（マソルティー）においても、女性の役割については変わってきています。ラビ養成の神学校でも、女性にラビの資格を与えています。歴史的な観点や法典と照らし合わせても、女性がトーラーを教えることや、ラビとしての資格をとることを否定する決定的な理由はないのです。一方、女性の役割や女性像となると、聖書文学やタルムード文学の観点から捉えた場合、先ほどのあなたの意見とほとんど一致します。

タルムードには結婚の契約に関する記述があります。二千年以上も前のものなのですが、そこでは男性が簡単に離婚できないよう、女性は結婚契約書を所有することになっていて、仮に離婚となった場合、男性は経済的にもかなりのリスクを負うことになります。実用的と言えば実用的かもしれません。しかるべき扶助を女性に保証する目的だったのでしょう。

数々の浮き沈みを繰り返す歴史のなかで、女性に対する敬意が高かった時期もあります。聖書の登場人物で好例は、ダビデ。タマルとルツという、偉大な精神性と鉄の意志を備えた二人の女性の子孫です。それとは逆に、女性にさほど敬意を示すことなく、軽視していたユダヤの歴史もあります。もちろんさまざまな事情、理由があったわけですが。なぜか？　他の民族との共存による影響は否めません。人類の発展段階において、男性が権力を持つ文化は数多くありました。民族同士の優劣はもちろん、同族のなかでも優劣が存在する。ユダヤ民族もそんな影響からは免れませんでした。

余談になりますが、ユダヤ人共同体のなかには戒律を厳格に守る人たちもいて、妻以外の女性と握手や挨拶のキスをするのさえ禁じている例もあります。女性の節度を重視しているからですが、ヘアピースの着用や体全体を覆うことを義務づけている人たちもいます。根本的には本能的な欲望を刺激しないのが目的なのですが。ほかにも正統派のシナゴーグでは、女性は上階で男性とは別々に祈るということもあります。女性用に特別の場が設けられるわけです。この件については賛否両論だと思いますが、私は内に宿る本能的な部分と戦わなければならないのは個々の人間だと考えます。女性の節度を重視したい者はそうすればいい。ただその場合、そのやり方を不適切な行動を隠すために利用してはならない。それでは単なる化粧にしかなりませんからね。節度については深い内省によって自覚するのが一番いいと思います。

男でも女でも、苦難のさなかに強い抱擁やキスを受ければ、それが愛情から生まれた表現であるのは明白なわけですし、過剰な反応が起こるとはとても思えませんから。

# 第14章　中絶について

**教皇**　中絶は宗教以前の道徳の問題です。妊娠した時点で、胎児にはすでに遺伝子情報が備わっているのですから。それで、私は中絶を宗教的概念とは切り離し、人間としての遺伝子が備わった赤ん坊の発達をさせない、科学的な問題と考えるようにしています。生存権は人権の筆頭。中絶は自分の身を守れぬ赤ん坊を殺す行為にほかなりません。

**ラビ**　現代社会の問題は、生命を神聖なものとする意識が失われてしまったことでしょう。最たる問題は、中絶を単純な、ごく当たり前のこととして捉えている点です。たとえ一つの細胞であっても人間だということに思いが至らない。そう考えれば、議論の際にも幅広い分野の意見が必要となるはずなのです。なのに、十分な情報や知識も得ず、誰も彼もが主張する。

ユダヤ教の立場は中絶には反対ですが、例外はあります。出産によって母親の命が危険にさらされるのが一例で、ほかにもいくつかの理由で中絶が認められています。

ところが興味深いことに、古代ユダヤのタルムードの賢人たちは『諸国民の法』を分析した際、他の民族には中絶を禁じたらしいのです。私なりにそのことを解釈したのですが、当時ローマで起こっていたことを熟知していた賢人たちは、人の命が著しく尊重されぬ地にあって、中絶の可能性を論じる機会すら避けたかったのではないかと。

タルムードでは中絶以外にも、死刑についてもくわしく分析がなされています。トーラーにもこの罰は出てくるわけですが、賢者のなかにはなるべく適用しない方向に制限すべきとの意見を持つ者もいます。その一方で賛成を表明する者もいるわけですが。各世代の賢人たちが、そのときどきの状況なり世相なりを考慮し、さまざまな意見も反映する形で、罰則についても論じているのでしょう。中絶についても同様だと思います。

ユダヤ教信仰では中絶は基本的に認めない方向ですが、ミシュナーに記されているように、母親の生命が危険にさらされたときにはその限りではないと。その場合は母親の命のほうが優先されます。それ以外のケース、たとえば強姦による妊娠や胎児が無脳症だった場合などでは、それぞれの時代のラビ同士の議論の対象となります。人や世代によって認めるほうに傾くこともあれば、逆に抑制するほうに傾くこともありますが、いずれの場合にも、人命が何よりも神聖なものとして尊重され、議論の際にもつねに基本となることを忘れるべきではありません。

# 第15章　離婚について

**教皇**　離婚のテーマは、同性同士の結婚とはまったく別の話です。カトリック教会は過去一貫して離婚法に反対してきましたが、現実にはさまざまな人類学的前例があります。カトリック信仰では生涯を通じての結婚に対する価値観がとても強いので、八〇年代にはより宗教的な観点での議論が活発になされました。しかしながら今日、カトリックの教義においても、破門とはされておらず、離婚者や再婚者に教区の活動への参加を呼びかけています。ギリシャ正教会は離婚に対しより柔軟な姿勢をとっています。八〇年代の論争では反対もありましたが、ある程度の相違はあって当然でしょう。離婚を認めないほうがいいのではないかとの意見、政治的観点からもっと理解を示してもいいのではという意見もありました。

**ラビ**　ユダヤ教には離婚に関する規定があり、ハラハー（ユダヤ法）で定められています。当然ながら厄介ですが、カトリックのように信仰上の問題ではありません。あなたがたの立場はおもに福音書に書かれた離婚に対するイエスの姿勢に由来していますが、それは、元をたどると律法に厳格なシャマイ派の立場だ、とタルムードでは証言されています。

　ユダヤ教では夫婦仲がうまく行かなくなった場合、まずは和解の方向に導くよう努めます。それでも無理となったら、離婚の手続きを進めます。手続きという言葉を使うのは、ユダヤ教ではラビもユダヤ教法廷も離婚についての宣言や裁定は行なわず、規律に則って結婚が解消されるかどうかを確認するだけだからです。新たに未婚となった身分を認め宣言をするのは基本的に当事者の男女なのです。これは結婚のときも同様です。手続きがきちんとなされているかどうかは、法律の専門家が一人一人ついて確認します。

　そんな具合ですから、議論と言ってもカトリックほどの波紋は起こりません。体外受精など、高度生殖補助医療（ＡＲＴ）について議論になった際も、似たような状況でした。母胎が危険にさらされる恐れのある女性が子どもを産める。これも神を助ける一つのあり方と捉えるため、ユダヤ教では賛成の立場をとっていました。この手の問題については、われわれのほうが柔軟だと言えるでしょう。よくも悪くもカトリックは厳格な姿勢を崩していませんからね。

　いずれにせよ、民主主義社会においてこれらの問題を扱うのであれば、どうしてもある程度の折り合いをつけざるをえなくなります。そのときまず重要なのは人命が神聖であるとの認識で、それを基に話し合うしかありません。細胞を弄ぶべきではないという点では、ユダヤ教もキリスト教も一致しますし。宗教家の側も医療や科学の側も、ある程度の譲歩を求められるのは避けられないでしょうが、生命が神聖なものであることを念頭に置いて話し合うことが肝心です。そのうえでそれぞれの意見を述べていくしかない。最も尊重されるべきは人の命、それをないがしろにしては、前に進むことはできません。

# 第16章　同性婚について

ラビ　同性愛者の結婚については、不十分な形で幕引きされた感じで、もっと深い議論や現状分析がなされるべきだったというのが私の意見です。すでに大勢の同性愛者のカップルがいる。一緒に暮らしている者もいて、年金や遺産相続をどうするかという問題が持ち上がる。新たな法整備が必要になるのは、当然のなりゆきでしょう。しかし、同性間の結婚を異性間の結婚と同等に扱うとなると、話は違ってきます。思想や信仰上の問題にとどまらず、われわれの社会を形成する、より繊細な要素の一つに抵触する可能性があるからです。

そのように考えても、この件に関しては人類学をはじめとする各分野での研究・分析がもっとなされるべきだったと思います。それと同時に、この社会を共有する人たちに対し、幅広い情報を与えるべきだったとも考えます。特定の宗教の信者であろうとなかろうと、文化を形成している一員なのですから。信者同士のあいだでも、さまざまな意見があったでしょうから、やはりもっと時間をかけるべきだったと思いますね。

**教皇**　人々に奉仕する立場にある宗教には、当然ながら意見を述べる権利があります。誰かから助言を求められれば、私も自分の意見を述べます。教区の統率役も担っている以上、共同体ばかりではなく、私生活での相談を受けることも少なくありません。ですが個人に何かを強いる権利はありません。

神がわれわれ人間をあえて自由な存在として創造したとするなら、責任を負うのは自分です。聖職者が、他者の自由を奪う霊的虐待をするのはあるまじき行為です。神はわれわれの手に罪を犯す自由までゆだねてくれました。価値観や制限、戒律をはっきりと意見することはできても、霊的虐待はけっして許されません。

**ラビ**　ユダヤ教にもいくつかの宗派があって、頑ななまでに戒律を守るものもあります。そんなグループでは当然、信者の生き方にも厳しく口を出す。指導者が「このようにすべきだ」と言えば、疑念を挟む余地はない。その結果、プライバシーを侵害することもあります。

まったく別の宗派では、ラビは教え導く立場をとりつつも、私生活に踏み込みはしません。たとえば私は「律法ではこうなっている。だから伝統に従ったほうがいい」と言うことはありますが、それ以上は言いません。正しい規律に矯正したほうがいいか、それともうながすだけにとどめるか、タルムード（シャバット項88ａ）にもそんな議論が載っているほどです。私は、導いたりうながしたりはすべきでも、強制すべきではないと考えます。よく父親が正しい行ないをして子どもに手本を示しますが、押しつけがましくなると、いくら正しくても強要になりかねない。そんな矛盾が生じます。やはり強制や禁止ではない形で学ぶのが理想でしょう。

つい脱線してしまいましたが、話を戻します。ユダヤ法では男性同士の関係は禁じられています。聖書でも厳格に述べられていますが、男女間でのみです。婚姻は男女間のみという根拠はすべてそこから来ています。「創世記」の時代から、人間の理想は男女の婚姻。ユダヤ法でも明白です。同性愛はあるべき姿ではない。そうは言うものの、慎みのある、内輪でのことなら、私は個人のあり方を尊重します。

ただ、合法化*については人類学の観点から見て疑問を抱かざるをえません。フロイトやレヴィ=ストロースの著作を読み返し、文明の発展過程で近親相姦の禁止や性道徳が育まれてきたことを考えると、今後の社会に与える影響が心配になります。

＊アルゼンチンでは二〇一〇年七月十五日に同性結婚が合法化された。

**教皇**　私も同じ意見です。あえて定義づけるなら「人類学的後退」と表現されるのでは。何千年にもわたって、人間が自然界で育んできた制度を弱めるように思われるからです。
五十年前、同棲は今のように社会的に認知されておらず、軽蔑的な色合いがありました。しかし、時代が変わり、現在の社会では昔のような偏見はあまり見られません。もちろん宗教の観点からすれば、結婚前の同棲は好ましくないですが。結婚への価値が下がったのかどうかはともかく、長年かけて構築された結婚の制度を変えるものではないし、むしろ社会の推移と共にそうなってきたのは明らかです。だからこそ法改正する前に、もっと話し合うべきだと主張してきたのです。そうしないと、さまざまな分野や価値観を損ないかねないと危惧したわけで。

あなたの言葉どおり、われわれカトリックにとっても聖書に表れる自然法は重要になります。婚姻は男女間でなされるべきで、同性同士のものは記されていない。エーゲ海のレスボス島に同性愛の女性らがいたという伝説はあっても、以後の歴史で男女間の結婚と同等の地位を与えられたことはありません。認められていたのかどうか、敬意を表されていたのかどうかは私にもわからないが、少なくとも同等には扱われてはいませんでした。

時代の変遷のなかで、同性愛者が権利を主張する動きは年々強まっていますが、従来の結婚と同等にするために、法律上の問題を議論したのは今の時代が初めてです。私には、結婚の価値を下げる、人類学的後退に映ります。宗教の領域からではなく、人類学の領域から見て述べているのです。

同性愛者のカップルが一緒になっても、第三者つまり子どもがいなければ、社会への影響はさほどないかもしれません。しかし法的に結婚と認められ、養子縁組も認められたとすれば、子どもに影響が及ぶ可能性が出てきます。子どものアイデンティティーを形成するうえで、男の父親と女の母親の存在は大きいものです。

**ラビ**　ラウル・アルフォンシン大統領時代に、宗教婚と民事婚を区別するよう法改正されたのは妥当だったと思います。それ以前には、われわれが結婚式を執り行なうにも、事前に役所の結婚証明書が必要でしたから。民主主義が樹立した社会で、宗教婚と民事婚を一緒にしているのはどうも理解しがたいと感じていました。双方が混同されないほうが好ましいと私自身は考えています。しかし、人間のあり方にまで踏み込む法律となると、デリケートな問題ゆえにもっと対話や議論がなされるべきで、特に信者のあいだでもこれまで以上に活発な議論があるべきだと思いました。

**教皇**　繰り返しになりますが、同性愛者同士の結婚についてわれわれカトリック教会が述べる意見は、宗教ではなく人類学の観点からだということを理解してもらいたいです。

ブエノスアイレス市の地方裁判所で、法改正前に裁判官が同性婚を認める判決を下した際、市長のマウリシオ・マクリは控訴しませんでした。その状況を見て、私はどうしても言わねばならないと考え、自分の意見を述べました。十八年間司教をしてきて、公然と役人に意見を言ったのは初めてのことです。

私の発表した二つの声明を読めばわかるはずですが、一言も同性愛者には触れていないし、蔑視もしていません。最初の声明では法を無視した裁判官のやり方を、民法に触れる行為ではないかと指摘し、次の声明では法を遵守すべき市長が控訴を禁じることに懸念を表明しました。マクリ市長の自分の信念だという主張は尊重できます。しかし、個人的な主張を法律に適用するのはおかしい。くどいようですが、同性愛者を見下す言葉はどこにもなく、法律の問題を指摘したまでです。

**ラビ**　民主主義においては互いを尊重した誠実な議論がなされるべきであり、そのうえで法に則って解決されるべきでしょう。議論においても、まずは相手との共通点があるかどうかを見出だし、あとは全体を考えてどこまで妥協できるかだと思います。

法案可決前に議会で行なわれた審議では、「自然法」には人間の行動規律も含まれ、神が創造物に託したメッセージを軽視すべきでないという意見が出された一方、同性愛者の側にも神あるいは自然が自分をこのように創ったのだと主張する権利はあるという見方、ほかにも、同性愛者の愛情は女性的な愛も男性的な愛も熟知しているから、むしろ二重のものであり、必ずしも家庭の成長を妨げるものではないとの見解もありました。

父親と母親の存在が子どもの成長において重要な役割を果たすことは事実ですが、逆に争いになって問題になるのも両親が原因のことが多いです。

**教皇**　孤児院や施設で育つよりは、同性愛者の夫婦のもとで育ったほうがいいという意見をよく耳にします。私にはそのどちらも最良には思えないのです。ここで問題になるのは、国が本来果たすべき義務を怠っているということ。養護施設にいる子どもたちを見ても分かると思うのですが、肝心な部分、彼らの負った心の傷を回復させることさえままならない。その結果、ＮＧＯや教会、それ以外の団体が尽力せざるをえないのが現状です。

養子縁組手続きの迅速化も必要でしょう。孤児たちが家族の一員になるのを延々と待たなければならないのも問題です。国の怠慢ぶりを国が正当化するようではいけません。

そのためにも、もっと深く問題を掘り下げて話し合うべきだったと思います。同性同士の結婚だけが論点ではない。養子縁組の手続き一つをとっても、あまりに役所化していて、汚職の温床になっている。そのあたりも踏まえて改善していくしかありません。

**ラビ**　確かに養子縁組の制度を改革する必要はありますね。タルムードの賢者たちは、子どもを養子に迎えるのは崇高な行為だと教えています。そうなると立法側には、状況を分析したうえでの迅速かつ有効な対応が求められます。

同性婚に話を戻しますと、やはりこちらも分析を要します。たとえ分かりきっていても、愛情に基づいた議論や分析は必要でしょう。聖書が神の探求における最後の一歩の定義に、男女の愛を持ち出すのは無駄ではないのです。十二世紀のアリストテレス主義の代表格、合理主義者マイモニデスは、神と人間との愛を男と女を出会わせることと見なしています。同性愛者はすでに知っている同性を愛する。男が他の男の感情を推し量るのはたやすく、女が他の女の考えていること、体で感じていることを知るのもたやすい。同性を知るのは容易ですが、異性を知るのはより難しく、深く知るには相手を解読しなければなりません。異性を知ることは、大いなる挑戦なのです。

**教皇**　互いに分かり合おうとするのが、大いなる冒険だというのは妙に納得します。いつだったか、司祭の一人が言っていました。「神が男と女を創造したのは、互いに愛し合い、互いに必要とされるためだ」と。結婚式の説教で、私はよく新郎新婦にこう言います。「新郎は新婦以上に女性らしくあってほしい。新婦は新郎以上に男性的になるように」と。

# 第17章　科学について

ラビ　十七世紀に啓蒙運動が台頭してくるまで、宗教は文化の伝達役も担っていたと言っていいかもしれません。ありとあらゆる分野の知識が宗教的なものと結びつけられ、多くのユダヤ教のラビやカトリックの修道士がさまざまな分野の科学で功績を残しています。マイモニデス、コペルニクス、メンデルらは、後世の手本とされています。

考えてみれば、写本をしていたのも修道士たちですね。タルムードには社会学、人類学、医学の概念が豊富に詰まっています。まさに宗教は文化や言語の伝達をするパイプ、経路となっていて、そこには生きていくうえで基本となる問いへの答えも含まれていました。人間とは何か？　自然とは何か？　神とは何か？　今日でも大きな疑問が生まれると、必ずと言っていいほど宗教的な問いかけに行き着きます。

世のなかには深刻な疑問がいくつもあります。たとえば、臓器移植に際し、死をどう判断するか？　何世紀にもわたって心肺活動が停止した状態が死であると考えられてきました。しかし、心臓移植によって命が救われる場合はどうなるのか？　と問われた際、ラビたちがタルムードをひもとくと、脳死の概念が記されていました。「時代を先取りしていた」と述べる人もいます。

現在、どこから人間を人間と認めるかという議論がなされています。卵細胞が受精した時点で人間だと認めるのか？　タルムードの賢者の一人は、その時点ですでに神の息吹き、魂が宿っていると解釈しています。実際、受精卵にはその後の成長を決定する遺伝子情報が組み込まれていると科学的に証明されています。ここでまた、疑問が生じます。果たしてそれだけで人間だと見なすに十分か？

科学がその時点での限界に直面すると、人は過去何世紀にもわたって培われてきた経験、精神的なものに頼ります。科学と宗教は本来対話をすべき領域。科学者が知識を武器に宗教を論破しようとする。反対に、宗教家が自分の信仰のみを頼りに科学者を糾弾《きゅうだん》する。いずれも愚かな行為です。両者の対話を通じてしか、それぞれの限界を知ることはできませんし、互いの限界を知ってこそ議論を深めることができる。人間が探求を繰り返し、発展してゆくうえでも双方の理解は欠かせません。

**教皇**　本当にそのとおりです。代々積み重ねてきた知恵、学術的な知識、それらは、過去の考察の賜物であると同時にトーラーや福音書に負うものも多い。人類にもたらされた知恵とも言えましょう。

興味深いことに、宗教における真理は変わることはなくても、発展・成長していきます。人間の身体が赤ん坊のときから老いるまで一緒なのに、その間変化していくのと同じです。それで、昔はごく当たり前であったことが今では違う場合がある。その一例が死刑です。かつては刑罰の一つとしてカトリック教会も認めていた。しかし道徳意識が変化し、現在ではカテキズム*でも、ないほうが好ましいとされています。人間の意識や道徳観が洗練され、信仰面での知性も向上した表れでしょう。奴隷制についても同じことが言えます。さすがに最近では船に大量の人を押し込めて海を渡るようなことは少ないですが、形を変えて残っています。わが国にも、売春をさせられるために連れてこられたドミニカ人女性たち、非人間的な労働環境で仕事をさせられる不法滞在者のボリビア人たちの問題がありますね。

＊カテキズム：キリスト教の教義をわかりやすく問答体で解説した入門書。

**ラビ**　多くの場合、宗教団体が過ちを犯すと、そのことを認める声明を出しますが、一方で黙るケースもある。ひどいときには、仕方なく過ちを認め、口だけの謝罪をすることもあります。カトリック教会にとって、ガリレオに対する宗教裁判は耳の痛い話でしょう。聖書の記述を科学的真理と見なして聞く耳を持たない宗教家も、自分の知識を絶対視して議論を差し挟ませない科学者も、どちらも傲慢の罪に陥っているのではないでしょうか。基本的に科学とはつねに進歩しつづけるもの、科学の絶え間ない挑戦は、前に打ち立てた理論に勝る理論を見出だし、より幅広い分野を包括していくことです。

先ほどあなたがおっしゃった、真理は変わらないが、成長・発展はしていくという話。そのことを踏まえても、宗教の側と科学の側とのあいだでもっと対話がなされるべきです。相手を論破するためではありません。ある問いに対して科学的な答えが見出だせない場合、どうしても直観的にならざるをえない。私はそれを科学的回答の精神的回答への変容と考えます。帰納法あるいは演繹法で見出だされる根拠と違い、本能的に生み出されるからです。

それとは別に、科学には限界があることを肝に銘じておくべきです。科学はものごとの根源を追究するものではなく、なぜそうなのかとの問いに答えるもの。ものごとの本質的な部分、根元のさらに根元は未知の箇所が多い。その答えを求めようとすると、必然的に精神的な直観に頼ることになります。語弊があるかもしれませんが、宗教と比較した場合の科学の利点は、何かひらめいたら実験室に行って、自分の立てた仮説を検証できることです。もちろん心理学のように直接確かめられない分野のものもありますが。

**教皇**　科学には科学独自の領域があるのだから、そこはわれわれも尊重すべきですし、協力できるところは協力すればいい。ただし、度を越して明らかに核心となる部分を侵害すると判断した場合には、その限りではありません。科学は根本的には《産めよ、増えよ、地を従わせよ》

と命じた神の道具の一つなのですから。

　科学は非文明を文明へと変えてきました。しかし、科学が自らの限度を設けないで前進すると、自分たちの手に負えない事態に陥る危険があります。フランケンシュタインや『アイアンマン』に出てくるミュータントではないですが、科学が歯止めを失うと人間が物と化し始めます。原子力の利用だって制限がなければ、人類全体を滅ぼしかねませんね。

　人間が思い上がると、自分で怪物を作りかねない。ですから、科学に携わる者には限度を設けることを忘れないでほしい。「これ以上やったら文明ではなく、反文明の行為になってしまう。破壊的な行為はしたくない」と言えるようにしてもらいたいです。

**ラビ**　ゴーレムの物語の顚末《てんまつ》を思い出しましたよ。プラハでラビが泥人形を作る。反ユダヤ主義者たちから同胞を守るためのロボットのような存在です。人形の額にヘブライ語でエメット（真理）の文字を刻み、口のなかに命令を書いた紙を挿入する。これでゴーレムは命令どおりに動ける。ある金曜日、人形が自意識を持ち、家のなかの物を次々と壊し始める。ラビは慌てて額の文字の一つを消し、メット（死んだ）にして口の紙を取り除く。そうして元の泥人形に戻る。
　人間が自分の知性で作ったものをコントロールできない、創造という行為が度を越した場合の好例でしょう。

# 第18章　教育について

**ラビ**　宗教は一つの世界観です。教育とは世界観の伝達でもあります。そのことを考えても、両者は密接なつながりを持つものです。さまざまな文化がいかにして成り立ってきたかを分析する際、大きく二つの部分に焦点が当てられます。一つは、社会における科学技術の進歩。もう一つは、そこで暮らす人々の生活様式を形成している価値観、文化の成立です。文化とは何か？　結局先に述べた三つの問いへの答えになると思います。人間とは何か？　自然とは何か？　神とは何か？　子どもの人格形成を考えても、これらの問いに対する宗教側からの答えを学ぶことは必要です。民主主義社会においては、一つの側だけでなく、あらゆる方面からの見方も紹介しておくべきだと主張する人もいます。私もそう思いますし、かつてのような形ならば宗教の授業が公立学校で行なわれることには賛成できません。

**教皇**　カトリック教徒以外の者を差別する、そんな宗教の授業には私も反対です。しかし一方で、学校教育の一環として宗教を扱う、教室内でより広い視野を身につけるという意味ではあってもいいと考えます。学校では宗教の話題は一切なし、というのも差別になってしまわないかと思うのです。他の教科で学ぶように、歴史的事件や人々の暮らしを宗教上の観点から学ぶ機会を奪う必要もないでしょう。

**ラビ**　同感です。宗教を学ぶ機会を奪うことで、実に多くのものが奪われてしまいます。もっとも、教育は学校だけでなく、地域や共同体でもなされるものですが。

ユダヤ教の基本は、本能を超えた高い次元で振る舞える存在である人間を賛美することです。これはのちにキリスト教やイスラム教の一部になりました。

教育における宗教の重要性は、一人一人に対し、人間の持つ崇高な部分を再認識させることだと考えます。ですから、公立学校でも何らかの形で宗教的なことを教えるべきでしょう。なぜかというと、教育のおもな役割は価値観を伝えていくことにあるからです。

神という概念が入り込めば、嫌でも人間中心的な考え方は弱まりますし。反対に、神について学ぶ機会がなければ、子どもたちだってすべては人間によるもの、ひいては自分自身というほうに傾きかねません。

さまざまな宗教の考え方が学べるのが理想の姿でしょう。それができれば他のテーマにも応用が利きます。性教育はどうするのか？　それ一つとっても、解剖学・生理学的観点から教えるだけで十分か？　それとも価値観だけを教えればいいのか？　少年少女にしてみれば、自分の体に何が起こっているのかを知るのは大切です。そこに性道徳が加わることで、より認識が深まり行動に反映されると思うのです。人間に備わる愛情の表れとして、性行為があるべきでしょう。

私としては性教育に限らず、学校で子どもたちに教える際には、「ユダヤ教ではこのように考えているが……」と説明されるようになってくれたらと願っています。そうなることで、キリスト教の世界観、イスラム教の世界観も学べるでしょうし、子どもたち自身がそれぞれの共通点も見出だせますから。

教育というものの役割を放棄してしまっては、われわれの根幹をなす部分をも失いかねません。下手をすると、今現在の現実のみに目を向けて生きることになってしまいます。

宗教には次世代に伝えられていく概念があり、今ここでしている行為が実は未来にもつながっているのだと知らしめる力があります。現在のような消費社会にあって、その意義は大きいと思います。

**教皇**　聖書で神は《わたしはエフライムに歩くことを教え、彼らをわたしの腕に抱いた》（ホセア書一一章三節）と言って、教育者の面を見せます。信者の果たすべき義務は、子の成長を見守ることです。いずれの男女にも自身の宗教的価値観で子どもの教育をする権利がありま す。国がその権利を奪うと、最悪ナチズムのような危険な思想へと向かってしまう。つまり子どもたちが、親の価値観とはまったく異質のものを教え込まれてしまうのです。全体主義者たちは概して、自分の都合のいいように教育制度を変えようとしますから。

**ラビ**　大人の言動はつねに何らかのメッセージを子どもに与えます。口にしないことや行動しないことも、逆に何らかのメッセージを発することになるのですが。いずれにせよ、メッセージになるのなら、なぜわざわざ自分たちの価値観を捨てなければならないのか？

宗教とは、自分あるいは自分たちの存在意義を探し求める人に対する教えでもあります。ちょうど哲学者が、自分の見出だした真理を他者と共有したい、教えたいと願うことと似ています。メッセージをみなと共有したい。そのメッセージを受け入れたい人は受け入れ、受け入れたくない人は受け入れなくてもよい。しかし、その情報自体は表に出されるべきでしょう。それがあらゆる宗教の基本的なあり方であり、それがなければ宗教団体はまともに機能しません。

ユダヤ教、そしてキリスト教の立場からもはっきり述べておきたいのは、宗教は信仰の問題、聖堂で神に祈ることだと単純化できない点。それでは自分本位になってしまいます。神に近づくには、他者を通じて理解を深めていくしかないのです。信仰心を持って生きるとは、宗教的な価値観に基づき、実生活でそれらを実践していくことにほかなりません。行動を伴った情報は、何らかの形で学生たちに伝えていくべきですし、将来その教えが彼らの人格形成の一部分を担うことにつながるかもしれないのです。

一方、ユダヤ法では、両親を敬うことと同様に教師も敬うことが記されています。いずれも他者なくしては存在しない。ユダヤ教信仰は本質的に教育、つねに何かを伝えています。ラビという言葉が「教師」を意味するのも、その表れでしょう。

**教皇**　よりよい方向に導くという点では学校も宗教も同じです。ですが、その学校で宗教的な世界観への扉が開かれないとなると、子どもたちから調和のとれた成長の機会を奪うことにならないか心配です。

親が子に伝える価値観、託した思いが子のアイデンティティーの一部となる。教育から親の伝統を除いてしまったら、イデオロギーしか残りません。イデオロギーや理想だけでは子どもたちが人生を濁った目でしか見られず、純粋培養になる恐れがあります。言葉には、歴史の重みなり人生経験が詰まっているものです。子どもを空っぽの状態で放置したら、家族の伝統とはかけ離れた考えが子どもの頭を埋めて、イデオロギーが生まれてしまう。

私が研究所で働いていた頃の話ですが、職場に共産主義者の教師がいましてね。それは貴重な体験でした。仲間たちは彼にいろいろと質問をし、彼のほうも率直に答えてくれる。嘘《うそ》をつかずに、つねに自分がどんな立場からものごとを捉えているか、自分の世界観はどうなのかを承知したうえで話してくれました。

**ラビ**　学校には実に多くの教師や講師がいますが、生徒たちが彼らと生き方について語る機会はめったにありません。教師らはそんな余裕はないと言うでしょうが、子どもたちには、化学の先生、物理の先生……は、どうやってよりよい人生を送っているのだろう？　といった疑問もあるでしょう。教育が非人間的なものになってはいけないし、対話があるべきです。今は授業でさえも、どこか機械的に行なわれている感じがしてなりません。ユークリッド幾何学は教えても、世界観を学ぶ機会がないのでは困りますね。人間味が感じられない授業では、提出の仕方も実に冷たいものです。そこにはメッセージなど存在しません。さまざまなものの見方を尊重し、人間の可能性を広げてくれるものであってほしい。教科書を読み上げるだけで、心を開くことのない教師が多いのは残念なことです。特定の宗教の授業を全面的に押し出すのも考えものですが、著しく制限するのも問題だと思います。

**教皇**　先生、教師と言っても二種類いますね。一方的に教授するだけの者と、自分も学習に加わる者。後者は生き方と言動が一致しているので、すぐに分かります。ただ同じことを繰り返し教えているタイプの先生ではない。

　真の意味での師となれるように、子どもたちを導いていかねばならない。彼らが証人になって次の世代へと教えていくためにも。それが教育の鍵です。

# 第19章　政治と権力について

**教皇**　アルゼンチンのカトリック教会は、一八一〇年から一八一六年にかけて、国家独立の過程で大きな役割を果たしました。トゥクマン議会の自治委員会に参加した聖職者も何人かいました。民衆の大半がカテキズム教育を受けたカトリック教徒という状況下で、人々と共に国家形成に貢献したのです。

その後、国が移民の受け入れを奨励し、多くのユダヤ教徒とイスラム教徒が移住をする。文化面や精神面での混合は、アルゼンチンに特有の豊かさをもたらしました。いつの時代にも争いを起こす者や過激主義に走る者はいましたが、それ以上に多様なものが混交した社会で兄弟として暮らしてきました。

友愛精神の象徴、混交の街の代表格は何と言ってもオベラ市[*1]でしょう。市内には六十もの聖堂がありますが、そこではカトリックの建物が少数派になっている。プロテスタントの礼拝堂やギリシア正教会、ユダヤ教のシナゴーグのほうが多いのです。異なる宗教を信じながらも、みな幸せに暮らしていた。

そのほかにも特筆すべき例はあります。聖公会司祭ウィリアム・モリスは学校を設立し、アルゼンチンでの教育分野で多大な貢献をした人物です。

そんな経緯を振り返っても、わが祖国が宗教とは無関係にできあがったものではなく、宗教と共に築かれたことが分かると思います。

＊1　オベラ市のあるミシオネス州はパラグアイ、ブラジルと隣接し、度重なる領土権争いの末、一八七六年にアルゼンチン領となった土地で、植民者の移住が促進された。とりわけオベラ市は、スウェーデン系、フィンランド系、ドイツ系、ブラジル系、ガリシア系、日系、ポーランド系、アラブ系ほか、移住者の多い町として知られている。

**ラビ**　確かに、国家の樹立がカトリックをはじめとする宗教的な影響下でなされた事実は否定できません。アルゼンチンに根づいたさまざまな宗教が、のちに文化面でも多大な恩恵を残します。

一方、ラテンアメリカ諸国の独立期にフランス革命に刺激された啓蒙主義と聖職者とのあいだで、宗教が国家の問題にどこまで干渉できるかという議論がされましたが、それは意義深いものだったと思います。当時教会に対し「ノー」を突きつけた者たちが全員、宗教と無縁の人だったかどうか、今となっては分かりません。宗教から派生した団体が、純然たる宗教と混同されることもありますし。それはともかく、自由・平等・友愛をモットーとする啓蒙派と教会との論争はプラスに作用しました。それぞれが自分たちと相手のあり方、考え方を分析し、再検討する結果になったからです。イデオロギーに基づいてなされた議論でも、誠実なものであれば好ましい方向に行く好例です。

ひるがえって現在のアルゼンチンはどうでしょう？　大きな危機が起こったとき、社会は宗教を最後の拠りどころとします。二〇〇一年に経済危機が勃発し、社会が混乱を極めるなか、政府は宗教との対話の場を設けました。すでに政治は破綻しており、どうにか困難な状況を打開しようと宗教指導者たちに声がかかった。スペイン語のイグレシア（教会）はギリシア語のエクレシア（集会）に由来します。シナゴーグも（ヘブライ語ではベート・ハクネセットと言いますが）、集会の場を表すギリシア語のシュナゴーゲが語源です。どちらも神を求めるだけでなく、人間に関わることを議論する場でもあると言えます。

太古、預言者の時代には、宗教は社会的な問題に対して声高に宣言する必要がありました。現在、宗教が積極的に政治に介入すべきか否かは賛否両論でしょう。二〇〇六年にミシオネス州知事に反旗をひるがえして政治活動に入った元イエズス会士、プエルト・イグアス名誉司教ホアキン・ピーニャ師の例がありますが、あなたの率直な意見を聞かせてほしい。

**教皇**　ピーニャは政治活動ではなく、住民投票を重視するために政党を興したのです。法改正して再選を無期限にしようとした当時の知事を阻止するためで、自分が知事になるためではありません。ですから、役目を果たしたと判断して党首を辞任しました。

**ラビ**　私自身は、基本的に宗教家は政界に入るべきではないと考えます。一時的な協力なら認めてもいいと思いますが。

軍事政権下で人権擁護を貫いたラビ・マーシャル・メイヤーは、ラウル・アルフォンシンその他の政治家に協力しても、短期で限定的なものにとどめ、下院議員にも上院議員にもならなかった。目的は民主主義の回復であって、自分が政府内の地位を得ることではなかったからです。宗教家の立場を政治的利害のために使うべきではありません。

**教皇**　広義に解釈すれば、われわれはみな政治的な動物だと思います。自分たちの国を築くうえで何らかの政治的な活動には関与するわけですから。人間の価値観や宗教的な道徳を説教しても、望む望まないにかかわらず政治の色を帯びるのは否めません。説教する側の人間は、倫理を主張する際にもけっして政党支持の方向に行かぬよう気をつけるべきです。説教が派閥の演説に成り下がっては元も子もない。

クロマニョンの追悼行事で、[*2]私が「ブエノスアイレスは虚栄心と汚職が蔓延《まんえん》する堕落した街だ」と述べたとき、具体的に政治家の名前を挙げてくれと求めてきた新聞記者もいましたが、あれはブエノスアイレス市全体を指して言ったもの。つまりわれわれ市民がみな、不正に傾きがちだと主張したのです。たとえば、スピード違反をした車を捕まえた警官が、違反行為を戒めるのではなく、開口一番「どうやって穏便に済ませようか」と金をせびる。問題は、自分のなかでの優先順位が「ものごとを安易に解決しよう」と不正のほうに傾くことだ、と言いたいわけです。誰もがその芽を持っているのだから、それと戦うしかない。私も含めた市民全体の欠点を指摘したまでで、特定の政党を糾弾したわけではありません。

マスコミが何でもかんでも記事にする、人々の関心を引くために歪曲して報道するのも問題です。二、三のコメントを大々的に報じて、大部分は伝えない。私が説教壇から述べる内容は、広い範囲での政治批判だったり、道徳観の乱れだったりしますが、報道する側は自分たちに都合のよい部分だけをかいつまんで、それを低レベルの政治論争にしたがるきらいがあります。

以前テ・デウム（感謝頌）ミサでの説教を終えた際、「勇気ある行動でしたよ」とあなたに言われたのを思い出します。あなたは説教の草稿を事前に手にしていたから、内容全体も覚えていると思いますが、翌日の新聞記事ではそれぞれ違う解釈で報じている始末です。指導者も含めた「私たち市民」と何度も口にしたはずなのに、特定の政治家を批判していると勝手に解釈しているのですから。

＊2　二〇〇四年十二月三十日の夜、ブエノスアイレス市内のディスコ「クロマニョン共和国」で、

若者に人気のバンド、カジェヘーロスの演奏中に花火が引火し、火災で一九三人が死亡した事件。建物の安全基準の不備を見逃していた役所側、経営者側の姿勢が問題となった。

**ラビ**　覚えていますよ、二〇〇四年五月二十五日、五月革命記念日での説教のことですね。不本意にもその後、ブエノスアイレス大聖堂でテ・デウムが実施されなくなるという異例の事態に発展したものです。あなたは宗教に基づいた言葉の真の意味を人々に訴え、倫理観を説いたはずなのに、残念ながらマスコミは正しく報道しなかった。宗教指導者がその時点での話題に終始することなく、より広い視野で未来を見すえて人間の価値を訴えている。にもかかわらず、あの結果ですからね。預言者たちの視点ではありませんが、飢えた者が存在している限りは社会が上手く行っていない、という厳しい枠でこちらは捉えている。その枠に基づいて説教をしているのだから、聞く側も一層注意を払って一つ一つの言葉を吟味してもらいたいものです。多少話がずれますが、わが国においてカトリック教会が非常に重要な位置にあることを考えても、政府の側も対話の場を保つべきですし、どうでもいいことをあげつらって政治問題にするのは避けたいものです。

**教皇**　一方で司祭や司教といったわれわれ聖職者も、本来の役目を忘れて聖職者至上主義に陥らぬよう細心の注意を払う必要があります。宗教的なものが神聖さを失って濁ってしまってはいけません。カトリック教会は忠実な神の僕《しもべ》であるべきで、それは神父全員に言えることです。神父が神の言葉を述べる、あるいは神の民である人々の思いを背負ったときには、説教壇から預言し、戒め、説得をする。教区で活動するときは共同体の人々に耳を傾け、よりよい決断ができるよう導いていかねばならない。これが理想の姿でしょう。

ひるがえって自分の主張を押しつける、「私が命じているのだ」と口にするような場合には、聖職者至上主義に陥っている。本来であれば神の名において調和を求めるべき聖職者が、不適切な導き方をしている例も少なくないのは残念です。公の場で聖職者の権威を見せたがる者も同様です。

教会は人間の自主性を守ります。健全な自主性は健全な競争を尊ぶ社会を作る。教会が医師に対し手術の手順をこうすべきだとは言えませんし、反宗教の立場をとる世俗の活動家が、宗教家は教会から一歩も出るなと言うのも困ります。教会は宗教的な価値観を説き、彼らは彼らの価値観を提示すればよいのですから。

**ラビ**　私個人は、アルゼンチンの各政党に疑念を抱き、かなり批判的な目で見ています。近年の歴史を振り返っても、その見方が間違っていないことを認めざるをえません。特に支持する政党もないですし。とはいえ、民主主義がよりよい社会体制であるとの思いは、昔も今も変わりません。

説教壇からこの国のことを語るときには、「現在起こっている出来事の責任はわれわれみなにある」と、どうしても包括的な表現になりますね。三億人分の食料を賄《まかな》える国が、三千八百万人を賄えないなどということがあってはならない。どう考えても人々の価値観が破綻しているとしか言いようがない。そこにあるのは私利私欲のための闘争で、他者の幸せのための闘争ではありません。

政治に目を向けても、この現実を直視して本気で変えようという強い信念を持つ政党は見当たりません。狭いなかで権力争いばかりをし、大多数である一般市民を見ない。まともに機能すれば、わずかな予算で貧困地区を根絶できるかもしれないのに。

通りで物乞いをしている人を見るたび、胸が締めつけられます。ここ何年かでその数は飛躍的に増加している。この国は病んでいると言わざるをえない。何としても現実を変えなければなりません。誰を担ぎ上げるというのではなく、いずれ本気で社会を変革できる指導者が現れると強く願っています。

**教皇**　一九九九年、フランスの司教たちが『政治を復権する』と銘打った司教教書を発表しました。政治の信頼を回復せねばと悟ったのです。それほどまでに信頼を失ったのでしょうが、われわれにも同じことが言えるのではないかと思います。政策の無能ぶりや不名誉は反転させねばなりません。本来政治は、社会貢献のなかで最も崇高であるべき。社会愛は公共の利益のために政治に反映されるものだからです。

一九三六年生まれの私は、ペロンが台頭してきたとき十歳でした。もっとも、ペロンが一世を風靡《ふうび》しても、母方の家族は変わらず筋金入りの急進主義者でしたが。母方の祖父は大工で、仕事場に毎週一回ひげ面《づら》の男性がアニリン染料を売りに来ていました。彼が来ると祖父はワイン入りの紅茶でもてなし、庭先で長話をする。あるとき祖母に「いつもうちに来るドン・エルピディオが誰だかわかる？」と訊かれました。何とアニリン染料売りは、元副大統領のエルピディオ・ゴンサレスだったのです。副大統領時代の年金を受け取らず、行商をして生計を立てていた。そんな彼の誠実な姿は私の記憶に刻み込まれています。

わが国の政治は悪い意味で変化を遂げたのでしょう。信念を失い、上辺だけを重視する政治家ばかりになった。すでにプラトンが『国家』で指摘していますが、政治の美学とも言える弁論術は、健康と美容術の関係と同じく、統計とマーケティングを神格化するようになったと言えるかもしれません。

公民意識という点では私も罪を犯しているかもしれません。最後に投票に行ったのは、フロンディシ政権時代（一九五八〜六二年）、サンタフェ州で教師をしていた頃です。ブエノスアイレス州に移っても住所変更をしなかったもので、五百キロメートル以上離れた場所に投票には行きませんでした。大司教区で暮らすことになり、住所変更の必要があっても、サンタフェの住人のまま。そうこうするうち七十歳を迎え、投票の義務はなくなりました。投票しないのはよいことかと言う向きもあるでしょうが、いずれにせよ私は民衆の神父で、どこかの政党に肩入れする気もありません。

選挙が近づくと嫌でも無視できません。大司教区本部の扉を叩いて、自分たちの政党が一番だと主張しに来ますからね。とはいえ、一神父としては、信者たちに誰に投票すべきかと尋ねられても、各党の政策要綱を読んで自分で判断してくれ、と言うしかありません。説教でも極力政治的な意見は抑えて、信者にはそれぞれの価値観で最良の判断をするよう求めています。

**ラビ**　私も各自、政策要綱を読み、分析したうえで投票するよう勧めています。あなたのように枢機卿という地位にあるわけではないので、幸い政治的に影響力はないのですが、選挙目的の色が強い集会は遠慮するようにしています。そうでない場合には、政治的な行事であっても参加します。これも政治や祖国に敬意を示す一つの形と考えてのことです。

**教皇**　政治活動への参加は、確かに民主主義を尊重する一つのあり方ですね。

**ラビ**　社会を揺るがす大事件が起こった際、たとえ政治色が強くても、聖職者が意見を発信することはよくあります。かなり批判的なことも述べます。

社会道徳に反する行為があった場合、われわれが非難を表明すべきだとは思いますが、政治的観点からではなく、宗教的観点から行なうことが求められます。もっとも、人間の価値が関わってくるので、線引きが難しいケースが多いのも事実です。

　だからと言って口を閉ざす必要はありません。軍政時代、私は『神は私の憩い』というテレビ番組を持っていて、たびたび民主主義の大切さを主張しました。政治的な立場からではなく、ラビとして宗教上の観点から批判したのです。


**教皇**　広義の政治と狭義の政治を区別しないといけません。聖職者は何か行動したり、表明したりするのは広義の政治であるべきですが、なかには狭義のほうに陥る者もいる。

　聖職者は価値観や行動の限度を示し、教育をうながす役を担っているので、特定の社会状況を前に意見を求められれば、当然表明する義務があります。二〇〇九年十二月三十日、クロマニョン事件から五年目の追悼ミサをしました。記憶を風化させるべきではないとの思いからの社会的行事だったと言えます。状況が状況だけにお呼びがかかる、著しい逸脱行為が起こった場合もしかり。社会に向かって政治面で訴えているのではなく、相次いで起こる悲劇に潜む、人間の価値観をないがしろにする姿勢を非難しているのです。

　聖職者が価値観を擁護するのはいいとして、政治の分野では誰かのせいにしたがるきらいがあります。神父が何か言うと、誰々を非難していると騒ぎ立てる。われわれは特定の政治家を非難しているのではなく、危機に瀕した社会の価値観について訴えているのです。なのに、マスコミまでが三流記事に倣《なら》って「○○を激しく糾弾」などと銘打って報道する。

**ラビ**　政治家のなかには二枚舌の人もいますね。一方では宗教は口を挟むなと言いながら、選挙になると聖職者からの祝福を求めてくる。

**教皇**　私のもとに来る政治家のなかには、本当に純粋な意図でやってくる者もいます。カトリック教会の「社会教説」の構想を共有できる人もいれば、単に政治的なつながりのみを求めて来る者もいます。他の政党との仲介を頼んできたら、自分たちで対話の場を設けなさいと告げています。国家を担う立場にある者の義務は第一に国の管理、第二に対話です。

国は地理的に定められた領域、国家は法的に定められた組織体で、戦争で滅ぼされたり一部を失ったりする可能性があります。一方、祖国は、価値観など先人からの遺産で、缶詰にしてしまい込むのではなく、現在をよりよくするために生かし、理想の未来へつないでいくものです。国や国家は失っても取り戻せるかもしれませんが、祖国だけは取り戻せません。

祖国について多くを語る二つのイメージがあります。一つは聖書に出てくる、アブラハムが故郷を捨てて神の示した道を歩む場面。偶像作りの職人だった父も同行しますが、父親の慣習を絶つことはせずに、神の啓示を通じて少しずつ浄化していきます。もう一つはより西洋的な、トロイアが焼き尽くされたあと、アイネイアースが父を背負って祖先の地を目指す場面です。祖国は両親を背負う行為。両親から受け継いだものを駆使して現在を生き、受けた遺産は増やしたうえで未来に託さねばなりません。

これまで神権政治の国がまともに機能したためしはなく、今日、祖国を保つ義務は政治家にあります。神は国、国家、祖国の発展を担う責任を人間に託しました。宗教は倫理・道徳規律を定め、超越への道を開くものです。

**ラビ**　誠実かつ深いレベルでの対話――それはまさにキーワードですね。われわれアルゼンチン人の持つ最悪の欠点は、何よりも文化的なものである気がします。国全体が病んでいる、その一つの表れが対話不足ではないでしょうか。

国が地理的な領域、国家が法的に定められた組織体、祖国が過去から受け継いだ遺産とのことですが、どれも価値観というスタミナが不可欠です。宗教的なものが大きく影響するなかで生まれた国、アルゼンチンは数々の成功と失敗を繰り返してきました。今ここで成功を、過去に上手くいった部分を持ち出すことで祖国を築いていかなければなりません。それぞれの宗教が持つ世界観を理解し合うのはもちろん、不可知論者との対話も通じて祖国の再構築への折り合いをつける。あなたの言葉をそのまま借りれば、両親を背負っていかねばなりません。

心に留めておきたいのは、いかなる真理も模倣した時点で真理ではなくなるということ。これはコツク派の著名なラビの言葉です。単なる過去のまねではない、それでいて過去に根ざした自分たちの真理を創り出す。宗教はそのために貢献すべきです。延長線にある以上、何らかの形で政治との接点が出るのは避けられません。また、幸い世界を見渡しても神権政治の国は少ない。原理主義を伴わないと成り立たないからかもしれません。

いずれにしても、国家の体制は民主主義であるべきだと思います。あらゆる面でユダヤ教の伝統や価値観が如実に表れているイスラエル国家でさえ、民主主義体制ですからね。一筋縄ではいきませんよ。国家と宗教は恒常的に対立していますし、ラビの意見と最高裁の見解が食い違うこともあります。政治の側にも厳格な宗派との折り合いをつけるべく譲歩を求められる場合もありますが、少なくとも民主主義では対話が成り立ちますので、頑な者もある程度は和らぎます。

**教皇**　権力は見方によっては、神が人類に与えたものの一つと言えるかもしれません。《産めよ、増えよ、地を従わせよ》。創造に人間が加わるのを認める神の賜物ともとれます。しばしば宗教の定義づけに「権力」という言葉を使うことがありますが、私は反対です。権力とは自分のレールにみんなを載せて、後に続かせるものと考えているのでしたら、それは誤りです。宗教はけっしてそうあるべきではない。

権力を人類学的観点で捉え、共同体への奉仕と考えれば、まったく性質が変わります。宗教の持つ遺産を人々の奉仕に使う。ところがそこに低レベルの政治が入り込み、裏取引が始まるとたちまち悪を生む要因になってしまいます。宗教に関わる者は健全な力を保つべきです。神との出会いや人々の自己実現への貢献をしている限り、外れることはないとは思いますが。

目的が決まっている権力なら私も協力します。政治と宗教が対話するのは別に悪いことではありません。問題になるのは、宗教が何らかの利益のために政治と結託したときです。その点では、アルゼンチンの歴史は何でもありだったと言えます。

**ラビ**　ユダヤ共同体では、ＡＭＩＡ爆破事件を境に政治との関係が様変わりしました。いくつかの捜査機関がカルロス・メネム大統領（当時）に接近していましたが、何の成果もないどころか、苦い思いだけを残しましたからね。[*3]

私も政治権力との対話は不可欠だと思いますが、やはり距離はおくべきでしょう。当然両者のあいだに私利私欲のための縁者びいきなどあってはなりません。問題が起こった際、閣僚や各省庁のトップと電話などで話すのは必要でしょうが、互いの領域の線引きは明確にすべきでしょう。カトリック教会に目を向けると、過去にブエノスアイレス州警察のチャプレン（礼拝堂つき司祭）だったクリスティアン・フォン・ウエルニッヒのように、秘密収容所での拷問に居合わせた聖職者が何人もいたというのは恐ろしいことです。直接手を出さなかったにせよ、拷問や殺害をしていた軍部の者たちに赦しを与えていた。殺害行為を非難しないという形で協力していたと見なされても当然でしょう。

＊3　一九九二年三月十七日、ブエノスアイレスのイスラエル大使館が爆破され、死者二九人、負傷者二五〇人を出した。二年後の一九九四年七月十八日、今度はＡＭＩＡ（アルゼンチン・イスラエル互助協会）の所有するコミュニティー・センターが爆破され、八五人が死亡し三〇〇人が負傷した。いまだ真相は究明されていない。イランに支援されたレバノンのヒズボラによるテロ、ブエノスアイレス市警察による陰謀説、シリア系のメネム大統領（任期一九八九〜九九年）が、原子炉と武器の売却をキャンセルしてシリアの恨みを買い、テロ攻撃につながったとの憶測もある。

**教皇**　軍事政権に関与していた聖職者らは弁解ばかりしています。

**ラビ**　人間は人間以外のものにはなれない。純粋な意図で命じられたことを果たす天使のような存在ではない。自由意志のない天使と違って、人間には感情が備わっています。

何らかの方法で宗教団体を統率したいと願う人間には、自尊心や自己信頼、ある程度の自画自賛が必要です。そうでなければ実現できないからです。教団を率いようと思ったら、自分自身を見つめ直す必要に迫られますし、権力だって何かのために存在するものなので、「この権力で何をするのか？」という問いにもさらされます。

新教皇が選出される前、あなたに電話で私が話したことを覚えていますか？

「教皇にふさわしい人物を選べるよう神が枢機卿団に天啓を与えてくれることを願います」と。歴史的に見ても、教皇の言動が社会に与える影響は大きく、いつも非難されてもだれも無視できない。責任重大ですからね。重要な職務を担うためにも、温和な心の持ち主が選ばれてほしいのです。

教皇に限らず、高い地位についても誠実なままでいられるか、周囲に飲まれずに生きていけるかが問題です。五十年前だったら、とてもあなたと電話であんなやり取りなどできなかったはずですし、たとえ今の時代でもあなた以外の人では不可能だったと思うのです。

あなたはアルゼンチン・カトリック教会の最高指導者としてしかるべき役目を果たすのに権力を使ってきましたが、われわれ市民も、上に立つのにふさわしくない人物が権力の座に就くのをただ見過ごすわけにはいかない。ここらで悪癖は断ち切らねばなりません。

**教皇**　頭脳明晰なイエズス会士がよく冗談で言っていました。

「あるとき、道を歩いていると、助けを求めて駆けまわる人に出くわした。彼を追いまわしているのは何者か？　殺人犯か？　強盗か？　いや違う……権力を持った二流の男だ」

自意識過剰の凡人に虐げられるほど悲惨なことはない。大して能力もない男がうぬぼれ、少しでも権限を与えられた日には、下にいる者はたまったものではありません。

幼い頃、父によく言われたものです。

「上に昇っていくときは、まわりの人たちに忘れず挨拶するんだぞ。降りていくときに、また顔を合わせるはずだからな。うぬぼれてはいかん」

権威は上からのものですが、どう使うかが問題です。「列王記」を読むと鳥肌が立ちます。神の目から見て正しい者はほんの一握りで大部分はそうではない。信仰心のある王たちがしてきたことを読むと、頭を抱えてしまいます。彼らでさえ殺人を犯す。聖なる王、ダビデは姦通ばかりか、隠蔽《いんぺい》のため相手の夫の殺害まで命じる。しかし預言者ナタンに戒められ、謙虚に自分が犯した罪を認め、赦しを請う。王位を退き、別の者を即けるよう神に告げる……。

《あなたがたがわたしを選んだのではなく、わたしがあなたがたを選んだ》(ヨハネ福音書一五章一六節)と神が言っているように、ユダヤ教・キリスト教の伝統では、権力は神から与えられるものなのです。

神父たちを叙階する際、いつも言うことがあります。

「神父になるため、出世のために君たちは学んできたのではない。君たちが選んだからではなく、神が君たちを選んだからだ」

問題はわれわれが人間、罪人だということ。先ほどあなたがおっしゃったように、われわれは天使ではありません。なかには、叙階時に与えられたものとは違う権力を振るうようになる者もいます。権力を与えられたと錯覚し、仮初《そ》めの権力をほしいままにするのかもしれません。いずれにしても、神が望んでいるものではありません。

カトリック教会が教皇領を失って、むしろよかったと私は思っています。教皇の所有物はわずか五〇〇㎡の土地だけだと自覚せざるをえなくなったからです。かつては教皇が宗教上の王としてではなく、宮廷との陰謀で余計な権力を握っていた。

「今でも似たような状況ではないか？」と言う人もいるでしょう。残念ながらそのとおりで、教会内には出世欲に駆られた者がいます。

聖職者とて人間、誘惑に陥ります。だから、叙階されたときの神聖な思いを忘れてはなりません。神からの贈り物なのですから。教会内での権力争いは昔も今も存在しています。人間ゆえに起こるとも言えます。聖職者になるために神に選ばれたはずの人間が、自分の好き勝手に生きる道を選んだ瞬間から、心の淀《よど》みにとらわれるのです。

# 第20章　共産主義と資本主義について

**教皇**　共産主義体制に内在する概念は、どれも超越的で、はるかかなたの理想ばかりを語って、現実問題への関わりを麻痺させるところがあります。人間を麻痺させ、順応しやすくさせるという点ではアヘンと同じで、現実問題に耐え忍ぶことはできても、成長させてはくれません。

もっとも、これは共産主義に限った話ではなく、資本主義も精神的退廃というアヘンを伴っています。宗教を飼いならす、つまり宗教があまり干渉してこないよう適度に世俗化するのです。共産主義よりは宗教に寛容かもしれませんが、大した違いはありません。

宗教を信じる者にとって神を崇拝する行為とは、神の意志や裁き、掟、啓示に身をゆだねることですが、宗教を弄《もてあそ》ぶ者は「適度に行儀よく、適度に羽目を外す」と、お茶を濁した態度を示す。外面はよくても悪癖まみれ、消費文化や快楽に浸り、権力争いや無益な政党同士の駆け引きに明け暮れる。これらはみな、俗の表れです。

**ラビ**　《宗教は民衆のアヘンである》というマルクスの言葉や《われわれが神を殺したのだ》というニーチェの言葉を分析すると、どちらも非常に高い知性を持っていたために、真の神の探求に宿る重要な部分を見落としていた気がするのです。私なりの解釈ですが、マルクスは神にまったく関心がなかった。興味の対象は今ここだけ。著作を見ても精神性に関する記述が少なく、すべてはより公正な社会経済の規律で解決すると見なしていた。もう一つ考えられるのが霊的なものに欠ける宗教団体に対する批判です。当時キリスト教をはじめとする諸宗教が、上手く機能していなかったのではないか。

キリスト教信仰が拡大していた時代には、宗教的な危機があった。人々は生きる上での価値を探し求めていた。そうでなければ、ほんのわずかな期間でここまで広く普及した説明がつかない気がします。

イエスの生涯がそれほどまでに世界に強い衝撃を与え、多くの者が受け入れたのだ、とキリスト教信者は説明するでしょう。それでもなお、歴史的観点から見てもキリストの衝撃が最大限に浸透するのにふさわしい土壌があったと考えられます。異教信仰は衰退期にあった。霊的なものの要求が生まれていて、その答えがキリスト教であったと。

それと似たようなことがマルクスの生きた時代にも起こったが、こちらはまったく反対だった。宗教的なものを渇望する当時の人々に対し、宗教家の側からは満足いく答えがなかった。そこでマルクスはあのような主張を書くしかなかった。彼の不服従はまさにとても大きな精神性を求めるところから生み出されたのではないか、と私は思います。

それと照らしても、今の世のなかは、当時と同様に神から遠ざかっている気がします。皮肉にも「これをすればよいことがある。よい来世が送れる」と訴える宗教団体が多く現れています。しかしながら宗教経験は別の意味でもっと深いものであり、科学のように実験室で証明できる性質のものでもない。それゆえに細心の注意を払うべきだし、信仰心をつねに再生しつづけていくべきです。

**教皇**　人間の尊厳を侵害する行為を耐え忍べば、輝かしい未来が約束される。それが宗教だと揶揄《やゆ》されることがしばしばあります。後で報われるからといって、個人や社会の権利、道徳上の権利、祖国や人類全体の尊厳のために戦う義務を怠っていいということはありません。天国のことばかり考えて、権利のために戦うこともせず耐え忍ぶとしたら、アヘンに毒されている証拠です。

前世紀の三大虐殺、アルメニア人、ユダヤ人、ウクライナ人の大量殺戮で迫害された者たちは、戦う気力も体力も残されていなかった人も、どうにもできずに神に身をゆだねるしかなかった人もいたでしょうが、そんななかでも大半が自由のために戦いました。

カトリック教義では、人間的なものごとには神から与えられた自治権があり、天国に身をゆだねて進歩をあきらめていいということではないとされています。人はあらゆる意味で進歩のために戦わねばならない。道徳、科学、教育、労働分野での向上もその一環です。アヘン中毒に陥らぬためにも戦いつづけねばなりません。

**ラビ**　「詩編」で《天は主の天である。しかし地は人の子らに与えられた》（一一五編一六）と述べられているようにね。われわれは、地の上でつねにバランスを取りながら生きていかねばなりません。バランスを失ったとき、滅びに向かいます。

**教皇**　キリスト教はユダヤ教から同じ概念を受け継いでいます。ユダヤの民はエジプトからの解放まで、ただおとなしく待ちつづけたわけではありません。神の導きと共に、巧みに戦いを挑んできました。戦って、トランスヨルダン全域〔ヨルダン川の東岸地域〕を所有しました。紀元前二世紀にセレウコス朝のギリシア人がユダヤ人を圧迫したとき、マカバイはゲリラ戦法で挑みました。その状況下でやるべきことをし、同時に祈りを捧げながら自由を勝ち取ったのです。大軍を前にひるんだ兵が劣勢ぶりを危惧した際、ユダ・マカバイは「天がわれわれの目の前で敵を粉砕してくださる。彼らごときにひるむことはない」（マカバイ記一三章二二節）と諭します。

まれに、神が自らの偉大さを示すため、本来人が戦うべき場面で機会を奪うこともありますが、多くは《私がついている。戦え》と後押しします。「出エジプト記」に出てくるイスラエルの民とアマレクとの戦いもその一例です。

**ラビ**　タルムードの教えに、《この世で悔い改めて神に立ち返り、善行を行なう一時間のほうが、来世の全生涯より善い》というのがあります（アボット4・17）。また、《来世で精神的に憩える一時間のほうが、この世の全生涯より善い》とも言っています。結局、すべてが重要なのです。来世と引き換えにこの世の現実を犠牲にする行為は正しくありません。

また、同書の《正しい者が自らの行動で得た報いは、来るべき世にある》（同2・16）との教えを聞くと、《心の貧しい者は幸いである。天の国はその人たちのものである》（マタイ福音書五章三節）を思い起こします。いずれも、見放された状態や貧しいなかで生きろと言っていると取るべきではありません。どの道のりも永遠の命へと通じるものですから。私は「貧しい」をこう解釈します。富を蓄えることは財産のみを指しているわけではない。むしろ正しい行いによってしか得られない、と。「創世記」で神が人間に《地を従わせよ》と述べた。私はその言葉を、この地で精一杯に生きることだと捉えています。かといって、世俗のなかにある美しいものや喜びを断念し、禁欲主義を貫くことが理想の姿だとも思いません。少なくとも公正さや誠実さ、それなりの精神性が伴っている限り、楽しんでもいい。

タルムードには《人間はこの世を去るとき、生涯で目にしながら味見しなかったすべての果実について説明しなければならない》（食べてよいのに禁欲したことを叱責される、の意）という記述があります（エルサレム・タルムード「キドゥシン」）。ユダヤ教は、服従や禁制の社会をよしとはしません。「申命記」（六章一八節）の言葉を借りれば、今世でも来世でも、《主が正しい、またはよいと見られることをしなさい》ということです。

# 第21章　グローバリゼーションについて

**教皇**　グローバリゼーションをビリヤードの球のような一様なものと捉えてしまうと、それぞれの文化が育んできた豊かさを失う恐れがあります。われわれが擁護すべき真のグローバリゼーションは、つるつるした球体ではなく、多面体であるべきでしょう。一つの形を成しているが、それぞれの特質は維持し、それでいて互いによい影響を与え合うというものです。

**ラビ**　グローバリゼーションという言葉を聞いて、まず私の頭に浮かぶのはごく単純なものです。たとえば、同じ規則を共有しているために、その枠内であればどこの国にも自由に出入りできる、空港での手続きが緩和されるといったことです。その観点で見ればグローバリゼーションは好ましく映りますが、別の面に目を向けると必ずしもそうではない。米国の人気バンドが何の違和感もなくブダペストで熱狂的に迎えられる光景など、私には理解しがたいです。そんな現象を目の当たりにしてか、ユダヤ教やキリスト教、イスラム教の文化圏でも自分のアイデンティティーを強く意識する風潮が目立ってきました。

企業に代表されるように、多国間にまたがってのビジネスを展開するのは悪いことではないですが、社会生活を営む市民の大半が恩恵の枠外にはじき出されることのないよう、それなりの制限を設けたうえでなされるべきです。相乗効果を生み出す社会は歓迎しますが、破壊的な物質主義に陥らないため、ある種の規制はあったほうがいい。さらにつけ加えるならば、人々のあいだに自分のアイデンティティーを認識させながらも、それを深めていけるような相乗効果があるべきではないかと考えます。

真の意味で賢明な人々とは、自分を信頼できて、他者の行動も注視したうえで、自分にとって何が適切で何がそうでないかをはっきり言える者です。アレクサンドロス大王の侵略後に、ユダヤ人たちに起こったことも同じです。タルムードにはギリシア人やギリシア・ラテンの考え方がふんだんに詰まっています。他者が得たこれらの成果を無視することはできなかったからです。自分のしていることを深く信頼できる人は、他者との対話も深められる。私としては文化面でのグローバリゼーションをそのように理解しています。

しかしながら、各国が自国を信頼できない状態で、明確な規律も定めず、他者への配慮もないと、一方的に搾取する構図が浮き彫りになって、近年見られるような無秩序な資本の移動に明け暮れることとなる。

**教皇**　見せかけだけのグローバリゼーションは本質的には帝国主義で、自由を謳《うた》ってはいても、人間性に欠けています。行きすぎると、民衆を隷属するためだけのものになってしまう。先ほども言ったとおり、人間という一つのまとまりのなかで、多様性を保ちつつも調和のとれたものにしなければなりません。

あなたがいくつか利点を挙げていたように、グローバリゼーションは上手く機能すれば相互理解が深まりますが、マイナス面が強く出ると人々の個性を奪い取ってしまいます。〝人種のるつぼ〟という言葉をよく耳にします。詩的な表現としては申し分ないですが、文字どおり人々を没個性化して融合させるのは間違いです。一人一人のアイデンティティーを保ったうえで、まわりの人たちとの調和を試みるのが本来あるべき姿なのですから。

**ラビ**　確かに昔アルゼンチンで言われた「人種のるつぼ」は、各自本来の皮を脱ぎ棄て、近代的なアルゼンチン人への変容を目指したものでした。均一化の色が強く、高いレベルでの相互作用は望んでいなかった。今思えば、唱えていたのは過激主義者だったわけです。

**教皇**　過激主義者というより原理主義者ですよ。アルゼンチンの歴史を振り返っても分かりますが、異文化の混交が個性的な国を生み出してきた。このことは他者のアイデンティティーを尊重できる、ある種普遍的な長所の表れだと思います。ウルグアイやブラジル南部、チリの一部もそうですが、ラテンアメリカでは多様な文化の接触を尊重したことで、言語面で豊かな文化が築かれてきた。そこにあるのは「るつぼ的な融合」ではありません。各地で行なわれる祭りで、種々雑多な集団が集まる場面はほほえましいものです。政府が建国二百周年記念パレードの計画を打ち出した際、すべての共同体に呼びかけたことなどは、多様な文化を認めるこの国の利点の表れだったと言えます。

# 第22章　お金について

**教皇**　キリスト教は、野蛮な資本主義に対しても、共産主義同様に非難しています。私有財産は認めていますが、それがより公正な形で社会に還元されるべきとの考えです。

たとえばお金の海外流出。人間に祖国があるようにお金にも祖国がある。国内産業で得たお金を外国で貯め込もうと持ち出す行為は罪を犯すことになります。富をもたらしてくれた国に対する敬意はおろか、そのために働いた国民に対しても敬意がないのですから。

**ラビ**　聖書の「レビ記」（二五章）には経済発展のあり方が記されています。それによると各自土地を与えられていた。自分で耕せない場合、土地を貸して小作料をもらってもよい。しかし掟では、尊厳ある暮らしを送る手段として、一人一人が譲渡できない土地を所有すべきと定めている。

この歴史上の経験は、人間には働く動機が不可欠であることを如実に物語っています。ソビエト連邦がなぜ失敗したかを見てもわかります。一部支配層の権力と豪勢な暮らしを温存したまま、大多数が極貧状態にあったわけですから。私有財産の撤廃も、失敗の大きな要因の一つだったと思います。

二十世紀の共同社会事業で成功したのは、何と言ってもイスラエルのキブツでしょう。この集産主義的農業協同体は、のちの国家発展に大きく貢献しました。現在は、イスラエル経済の推進力ではなくなり、生きのびるために様々の経済的社会的方法を模索しています。利益の公正な分配と再分配がなされるなかでの私有財産の捉え方は、ヒントになるかもしれません。われわれは、先ほどの「レビ記」が提唱する社会秩序の掟に立ち返るようにしています。

一方、ある社会の経済の枠組みのなかで繁栄している人々が、「お金の神」や「浪費の神」を重視し、基本中の基本である人間を軽視し出したら、行き着く先は野蛮な資本主義です。資本が人間を支えるものとしてまともに機能しているうちはよいのですが、道から外れた場合には、より公正な社会秩序を描けるよう、すぐに必要な修正を加えるべきです。

**教皇**　今の話から導き出されるのは、社会への貢献という考え方です。自分の得た利益を共同体に還元しようと考えられるかどうか。

**ラビ**　「多くの財産を所有しながら傲慢な態度を見せる者に敬意を示すことはない」、「金があるから権力もあると考えている人物には尊敬の念など抱くな」と生徒たちにはよく言っています。共同体を築くとなると、いろいろな面で有力者たちの存在が欠かせないのも現実ですが、集まったお金が穢《けが》れたものであってはなりません。「金の出どころは問わない」、「金には名前がない」などという人もいますが、そんなことはありません。血で汚れたお金で霊性など築けるはずがないのですから。

**教皇**　キリスト教の初期の時代に活躍したある説教師の言葉に、《莫大な財産の陰に犯罪あり》というのがあります。つねにそうとは思いたくありませんが、あなたの意見に同意はできます。施しをすれば良心の咎めも洗い流せると考えている人は、私のまわりにも実際いますから。

ときどき告解をしに来た人に「道端の物乞いに小銭を与えたことはあるか?」と尋ねるんです。あると答えると、もう一度問います。「きちんと相手の目を見て、相手の手に触れて渡していているか?」。たいていはそこで口ごもります。多くの人が小銭を放るようにして手渡し、すぐに顔をそむけてしまうからなのでしょう。本当に周囲の人々に対し連帯意識を持っているか、適切なお金の使い方をして生きているか。行動、態度に表れます。

われわれには十戒の七番目の《盗んではならない》があります。不当な手段でお金を得て、慈善事業と引き換えに安心する。それも当てはまります。行動を改め、本心から悔い改めない限り、私はそんな者たちからの寄付を受けることはありません。寄付をしたから赦されたと見なすような者は、その場を収めれば、またいつもの放埒《ほうらつ》に戻るだけです。

いつだったか麻薬密売組織から金を受け取っていた宗教指導者が非難を浴びました。「金は善行のために使っている、出どころは問わない」と本人は主張していましたが、それは大きな間違いです。血で汚れた金を受け取るべきではありません。宗教とお金の関係についてはいまだに厄介な問題です。

よくバチカン宮殿の金銀の飾りが引き合いに出されますが、あれは博物館ですし、宗教と博物館との区別はすべきです。宗教活動をするうえでやはりお金は必要ですが、それはしかるべき金融機関を通じて調達されるべきで、不正があってはなりません。お布施や寄付という形で受け取ったお金をどのように使うかも問題です。バチカン市国の収支勘定はつねに赤字となっています。寄付金や博物館の入場料は、ハンセン病患者の施設や学校、アフリカやアジア、中南米での活動に回されるので。

**ラビ**　宗教といえども、完璧な組織を創るのは不可能です。そもそも組織を構成する人間が不完全なのですから。一人の人間の背後には必ず無数の葛藤があるし、宗教組織に入る司祭や牧師、ラビにも幾通りもの動機がある。自分を成長させるのが目的の者もいれば、自己抑制が目的の者もいる。もっとも、そんな動機であれば、ある時点まで行ったところで、道から外れてしまいますが。

聖職者の誰もが申し分ない行動をとっているとは言えませんが、十把《じっぱ》一絡《ひとから》げで非難するのも好ましくありません。道を外れた者が一人いたからといって、全員を偽善者と決めつけるのも考えものです。そのあたりは区別しないと。ただ、宗教の本質に道徳的な要素がある以上、宗教家は厳しい目で見られます。信仰心を口にしながら道徳に反する行為をしている者は、紛れもなく二重に罪があります。公正さに基づかない判決を下す裁判官も同様。同胞たちに根づいている公正さの概念を打ち壊すわけですから。

わが国でも軍政時代に、ゲリラ撲滅を主張して法を無視した殺戮を繰り返した連中は、完全に逸脱して二重に罪を犯していた。それによってアルゼンチンが負った傷は計り知れません。どれだけの家族がいまだに苦しんでいるかを考えても、悪辣《あくらつ》ぶりがうかがえます。同じことは腐敗した政治家にも言えます。民衆の代弁者、代表者としての責務を負うべき者が不正をする。やはりこれも二重に罪を犯しています。

**教皇**　ラビでも神父でも牧師でも、宗教家の二重生活は最悪です。一般人はさほど非難されなくても、宗教家はそういきません。アンブロシアーノ銀行の問題*でも、ヨハネ・パウロ二世が毅然とした態度を示しましたね。

＊一八九六年設立のアンブロシアーノ銀行は、教皇庁の資金調達と管理を行なう宗教事業協会（別

名バチカン銀行）の主力行として興隆。頭取のロベルト・カルヴィはプロパガンダ・ドゥエ（ロッジP2：フリーメーソンの支部だったが、一九八一年に認証を取り消されている）のメンバーで、バチカン銀行を通じてマフィア絡みのマネー・ロンダリングや不正融資を率先して行なっていた。一九八二年に破綻後、議会の公聴会へ招聘直前にカルヴィは国外逃亡。各国当局から追われるが、ロンドン・テムズ川のブラックフライアーズ橋にて首吊り死体で発見された。その後の再捜査で他殺と断定されている。

# 第23章　貧困について

ラビ　あらゆる宗教は貧困撲滅への絶対的義務を負っています。貧者への救済についてはトーラーでも頻繁に言及されています。預言者たち――特に〝書物の預言者〟と呼ばれたホセア、アモス、ミカ、イザヤ――の叫びは、貧者の直接的救済が彼らの説教の重要な柱の一つであることを示しています。神を敬う方法の一つは公正な社会を築くこと。それは誰もが尊厳を伴って暮らせる共同体ができたことを意味します。

聖書に表れる主だった主張の一つとして、あらゆる社会階層とのあいだになされた取り決めや強い道徳観がない村や町、国（国家も）はあってはならない、というのがあります。聖書文学でも、寡婦《やもめ》や孤児に手を差し伸べる義務が何度となく繰り返されています。ユダヤ共同体の伝統には、つねに食に事欠く人々を支援する団体がありました。アルゼンチンでは、ＡＭＩＡが他の団体と行なっている社会福祉活動が最も知られています。いつの時代も貧者の救済は重要な問題だったのです。土地の所有については大土地所有制をとらず、各家族が暮らせるだけの土地を持つよう、聖書文学の端々で繰り返されています。土地を荒廃させないための規則もあって、耕地は六年使用したら七年目は休ませねばならない、とトーラーにも書かれています。

アルゼンチンに目を向けると、危機的状況下ではいつも貧しい者のための活動を続けてきました。われわれの世代もですが、ユダヤ共同体の貧者救済のための連帯意識は非常に強いと思います。小学生の頃、大洪水に見舞われた地域に毛布や衣類の詰まった包みを運んだのを覚えています。わが家はお世辞にも裕福とは言えない家庭でしたが、連帯感から家族総出で活動しました。ユダヤ人だけではなくユダヤ人以外の人たちに対しても協力する姿勢は、その頃から強く広まった気がしますし、今でも続いています。

この何年かのあいだ、私のいるシナゴーグ、ベネイ・ティクバでも、水害に遭ったサンティアゴ・デル・エステロ州やチャコ州パンパ・デル・インフィエルノの学校に救援物資として衣類を送りしました。国民の多くが被災地の声に耳を貸さない、そんな現実を前に、われわれが何らかの活動をしなければならないことには、正直悲痛な思いがします。学校にも行けない、学校に行く靴もない子どもたちがいる。われわれは魔法を使えないから、できる限りのことをしている。根元にあるのは、兄弟が困っているのに、見て見ぬふりをしてはならないという聖書の教えだと思います。

もう一つ、つけ加えたいことがあります。西洋で人間の自由や平等のためになされた戦いのほとんどにユダヤ人が大きく関わっていたという事実です。たとえばロシア革命。搾取される側だったユダヤ人は革命に強い関心を持っていました。ユダヤ人であるゆえに赤貧にあえぐ、そんな状況が革命によって改善するのではないかと考えてのことでした。

少し話がそれてしまいましたが、アルゼンチン国内の例に触れておきます。七〇年代の社会解放運動で、理想主義に駆られて行動を起こしたユダヤ人の数は、社会全体の人口と比較しても非常に高い比率になっています。共産党や社会党をはじめ、下層階級の権利を主張する一連の運動には、必ずと言っていいほどユダヤ人の姿がありました。たとえ無神論者のユダヤ人であっても、自身の豊かな暮らしのためだけでなく、全体のために戦った。それも先祖代々から受け継がれてきた掟に従ったことの表れだと思います。周囲に苦しむ人がいるなら、その人のためにも戦う。たとえ自分が幸せに生活していても、まわりにそうでない者がいる限りは真の幸福とは言えない。みなが誇りを持って生活できるべきだと。

**教皇**　《あなたの兄弟が裸でいるのに、見て見ぬふりをするな》というイザヤ書の主張（五八章七節）をキリスト教でも重視しているところを見ると、ユダヤ教からその信念を受け継いできたと言えますね。

鍵となるのは最後の審判です。王が自分の右と左に善人と悪人を据える場面。右側の者たちに対し、《わたしの父に祝福された者たち、来なさい。あなたがたはわたしが飢えたとき食べさせ、わたしが渇いたとき飲ませ、わたしが旅人であったときもてなし、裸のとき着せ、病気のとき見舞い、獄にいるとき訪ねてくれた》と述べる。言われた側は、自分がいつそんなことをしたかと問う。そこで王が答える。《これら最も小さいわたしの兄弟の一人にしたのは、わたしにしたのである》と。一方、それをしてこなかった左側の者たちに対しては、非難をする。

キリスト教では、貧困や貧者に対する救済は大切な義務であると言ってもいい。さらにつけ加えると、この責務は人間同士のあいだで人から人に直接なされなければなりません。組織的に行なわれれば大きな効果がありますが、それよりも貧困にあえぐ人との個人的な関わり合いが重要だということです。たとえ他の人が拒んでも、嫌悪感を覚えても、病人の世話をし、監獄に出向いていく……。正直なところ刑務所に足を運ぶのはよい気分ではないし、現実を目の当たりにすると私も多少ためらいます。ですが、それでも行きます。救いを必要とする者、貧しい者、病に苦しむ者との一対一の対話が重要で、神が私に望んでいることですから。

「お腹がすいていますか？　まずは食べてください」という具合に、貧困に対する最初の配慮は救済的な色が濃いものです。しかし、そこで止めてはいけない。その人が共同体に参加できるよう、ある程度の道筋をつけるべきです。

何らかの理由で社会から排除された人が、いつまでもそのままであってはいけません。「恵まれたこちらが施してやるから、貧者はそちらで離れて暮らしてくれ」。そんな態度は認められない。キリスト教の教えに反する姿勢です。

社会から疎外された人たちを一刻も早く、共同体に組み込んでいく。そのために教育、職業訓練、芸術……などを身につけさせ、自分自身で新たな一歩を踏み出せるようにする。このやり方は十九世紀の終わり頃、北イタリアのカトリック司祭ドン・ボスコが創設した各学校で奨励されたものです。彼の礼拝堂に集まってきた貧しい少年少女たちに、何かを身につけてほしいとの願いから始まりました。一般の学校に行かせたところで生活の役には立たないと考えたドン・ボスコは、芸術や職業訓練の学校を創設したのです。

現在、ブエノスアイレスの貧困地区で司祭たちがやっている取り組みもこれに近いものです。若者たちが一、二年電気工事や調理、裁縫などの技術を学び、資格を得たうえで、自分で稼ぐことを覚える。人生観が変わる者も多いと言います。

貧しい者をさらに卑屈にさせるのは、仕事で得られる誇りがないことです。貧しい者を鼻先であしらってはならない。彼らの目を見すえることが大切です。不快感を覚えることもあるかもしれませんが、自分たちが暮らしている社会にもっと責任を持つべきです。

貧者の救済に潜む危険性は、手を差し伸べる側が過剰な同情心に陥ることです。それでは彼らが成長する機会を奪うことになりかねません。自分が暮らす共同体で貧しい人たちと接点を持ち、できる範囲で社会に組み入れていく。それがキリスト教徒としての責務です。

**ラビ**　今のお話を聞いて、興味深く思ったことがあります。共同体に組み入れるという考え方は、まさにトーラーのメッセージそのものだからです。全員が組み込まれるべき、そんな意図から、われわれも支援目的の学校を設立しています。十九世紀にロシアで生まれたＮＧＯ、World ORTの学校も、始まりは農業や工芸といった職業訓練でした。現在では状況も変わっているでしょうが、元は貧しい者たちのために設けられたものです。

今日の社会では学校はみなのためというより、中流階級のためのものだという気がします。あまりよい風潮ではありません。職業人としての意識が尊厳をもたらす、そのためにも仕事を通じて人生に向き合えるように、とのメッセージが根元にあるのは大切なことです。

**教皇**　キリスト教の慈善行為は、神への愛と隣人への愛です。何らかの支援活動からスタートするのは構いませんが、〝募金集めのお茶会〟に終始するようでは困ります。表向きは慈善パーティーと銘打ってあっても、実際には単なる自己満足という例も少なくない。この手の催しは自分たちが一時の安堵感を得る、あるいは優越感に浸るためのものです。慈善事業と呼ぶにはあまりに品がないものもありますよ。

金のロレックスの話、あなたにしたことはありましたか？

**ラビ**　いいえ、ないですね。

**教皇**　司教になってからのことですが、カリタスの慈善ディナーの招待状が来ましてね。出席者に名を連ねているのはいわゆる時の人ばかり。当時の大統領も同じ日に招待されていました。それで、私は出席を見合わせたのです。

聞くところによると、豪勢な食事の後にはさまざまな品物が競売にかけられて、金のロレックスまで登場したとか。貧しい者たちに食事を与える、そのために高級時計で虚栄心を満たすとは。悪趣味極まりない恥ずべき行為、とんでもない慈善活動の悪用です。

幸い今ではカリタスもそのような愚行はしておらず、学校やシングルマザー向けの宿泊施設、路上生活者たちの支援活動を幅広く展開しています。職業訓練校や芸術学校の少年たちの作品をウルグアイ通りとリバダビア通りの交差点のパン屋で販売してもいますよ。これなどは、貧しい者が貧しい者を支援する好例です。

名前だけの慈善事業は相変わらず存在します。しかし愛のない、貧者救済の思いもない慈善行為は偽りでしかない。自身の虚栄心を増大させるだけです。

**ラビ**　私は慈善行為を、より迅速な困窮者支援と解釈しています。しかし聖書には救済に関する別の概念も載っています。ツェダカーと言って、貧困者を救済するために払う税金のようなもの、と多くのラビが解釈しています。「義」を意味するツェデクと同じ語根で、「慈善、施し」のほか「公正、正義」という意味があります。食に事欠く者がいる社会は本質的に不公正という概念はここから生まれ、ツェダカーを通じて誤りを是正します。

もう一つ別の概念がタルムード文学に見受けられます。ゲミルート・ハサディームで、直訳すると「慈愛の実践」。金銭的に、あるいは行為で、隣人を助けることを指します。相手が金持ちであろうと貧者であろうと、生きていても死んでいても構いません。死者に対しては、たとえば埋葬を請け負った場合などがこれに当たります。「すべてのツェダカーの行為」に慈愛の精神が伴ってなければなりません。おそらく今述べた二つの概念を直接融合したのが、キリスト教の愛徳なのだと思います。

**教皇**　ゲミルート・ハサディームの話を聞いて、よきサマリア人を思い起こしました。《誰が盗賊に襲われた者の隣人のようになったと思うか》とイエスが尋ね、律法の専門家が《その人に憐れみを施した人です》と答えた場面（ルカ福音書一〇章二五〜三七節）です。

正義と関わるツェダカーの概念は、キリスト教では「教会の社会教説*」から始まって、これまで練り上げられてきました。社会正義の概念を組み込むよう努めた結果、現在は各地で受け入れられています。教会の社会教説の規範を読んだ人が、文中に非難が多いことで驚くことも珍しくありません。何しろ経済の自由主義なども平然と非難しているほどですから。カトリック教会が共産主義に真っ向から反対していることは知っていても、現在のような行きすぎた自由主義の制度も非難していることを知る人は少ないですね。野蛮な資本主義、経済偏重も、キリスト教に反する行為でとても受け入れられません。

機会の均等、社会福祉、安心して暮らせるに見合った年金、休暇、組合の結成の自由といった改善を訴えていく。これらの問題はすべて社会正義に行き着きます。ここで今一度強調させてください。これ以上生活困窮者があってはならないし、仕事による尊厳が得られない、生計すら立てられない人を増やすわけにはいきません。

このテーマに関して、カトリック教会の立場を明確に表している逸話を紹介します。

キリスト教がまだ禁じられていた帝政ローマ期、教皇の執事だったラウレンティウスは、二、三日中に教会の宝を差し出すよう皇帝から命じられた。約束の日時に、貧しい者たちの一団を引き連れて現れた執事は「彼らが教会の宝でございます」と告げる。

貧しい者は教会の宝、これぞわれわれが保つべき範例です。小さな共同体も教会全体も、そこから離れるほど本質から外れていく。われわれの誇りは弱き民衆のなかで人々が前進できるよう助けることです。貧しい者は教会の宝と口にするなら、彼らを大切にするのは当然です。この視点が欠けていたら、どう頑張っても生温《ぬる》く、力のない、凡庸な教会しか築けません。われわれ聖職者の真の力は、奉仕であるべきです。心に貧しい者への思いが宿っていないのなら、神を敬うことなどできない。これはユダヤ教でも一緒でしょう?

＊カトリック教会の社会教説：社会に生きる人間が直面する政治的、文化的、経済的、社会的問題を取り上げ、教会の信仰と教義に照らしながら、それらの問題をどう捉え、どう解決していくべ

きかを示したもの。教皇レオ一三世の回勅『レールム・ノヴァールム』（一八九一年）以来、そのときどきの課題に対する教会の見解を発表しつづけている。

**ラビ**　まったく一緒です。

エルサレム神殿に初物を供えに来たユダヤ人が、神に感謝する場面で《私の父はさすらいのアラム人でしたが、わずかな人数を連れてエジプトに下り、そこに寄留しました》と言います（申命記二六章五節）。この言葉は貧しさを想い起こさせます。

今日、ユダヤ教徒もキリスト教徒も共に協力して貧しい人々のために活動しています。カトリックのペペ神父とユダヤ教のラビ・アブルが一緒に貧困地区で働いている。われわれラビはそれぞれの共同体での仕事で手一杯のところはありますが、それでも救いを求めてきた人たちには極力応じるようにしています。キリスト教徒と比較したら、組織が小さいゆえに大がかりな活動はできませんが、それでも助けを必要としている人たちに協力していきたい。

ラビがどこかの貧困地区で活動する場合も、ユダヤ人ばかりを対象にはしません。そこにユダヤ人びいきなどありません。あるのは隣人を助けたいという純粋な思いだけです。

カトリック教会のように組織的に展開し、きめ細かい支援に至らないのが残念ですが、信者の数、人口比といった問題があるので致し方ありません。地域住民の九〇パーセントがキリスト教徒の地区にあるカトリック教会と、シナゴーグでは差が出て当然です。

**教皇**　歴史を振り返ると、アルゼンチンで貧困地区に神父が出向くようになったのは、比較的最近の現象ですね。四十年ほど前から動きはありましたが、高位聖職者との軋轢《あつれき》もあって、なかなか今のようにはなれなかった。政治と宗教の区分けがきちんとできていなかったのも大きな要因の一つです。双方を不適切に結びつけては、むしろ聖職者に対する不信感が増すだけですから。

その観点からすると、教会に属していることを認識しつつ活動していくなかで、多くの神父がよい働きをするようになったと思います。人々への慈悲の精神、地域の人たちとの連帯、聖職者同士の連携も含め、以前よりもスムーズに機能している気がします。

しばしばブエノスアイレス大司教は、貧困地区で活動する神父たちをえこひいきすると非難されますが、そういった風潮は今に始まったものではありません。イタリア北部サルディーニャ王国で貧しい者のために働いたドン・ボスコも、司教たちからは煙たがられる存在でした。カファッソ神父やオリオネ神父も同様。貧しい者たちのために働く先駆者、教会内でも何らかの意識改革を余儀なくさせた人々です。

この国においても、貧困地区で奮闘する聖職者たちが、教区民たちに精神面や行動面で大きな変革をもたらしたのは確かです。

# 第24章　ホロコーストについて

**ラビ**　ショア〔ホロコーストを意味するヘブライ語〕の問題は実に深刻です。決まって出てくるのが「ホロコーストが起こった際、神はどこにいたのか？」という問いかけです。これは慎重さを要する問いでもあります。なぜなら、われわれには自由意志があると主張する人間が、ひとたび同じ人間が犯す野蛮行為などの好ましくない出来事と遭遇すると、神はどこにいたのだ、何もしなかったと問いたがるためです。

ではショアの際、神はどこにいたのか？　答えがない問いは存在します。われわれにはどう考えても理解できない事柄があります。ただショアが起こったとき、神はどこにいたのかと問う前に、人間はどこにいたのかを問うべきではないでしょうか？　果敢にも行動を起こした者、あるいは反対に見過ごすことを選んだ者、さらには卑劣にも虐殺行為に及んだ者も含めてです。

ショアは一時的な衝動ではなく、ユダヤ人という理由で民族全体の殲滅《せんめつ》を図ったもの、ヨーロッパ文化圏で極めて緻密に計画されたものだったと言えます。

**教皇**　「神はどこにいたのか？」という問いは今に始まったものではありません。

そういえば、十二、三歳の頃、知り合いの結婚式に家族で向かおうとしていたところ、花嫁か花婿の母親が感激のあまり心筋梗塞《こうそく》で急死しました。知らせを聞いて家に駆けつけると、出迎えた娘婿が「神はいるって言うけど……」と漏らしたのを覚えています。

キリスト教徒も、過去に迫害その他の災難に見舞われていますので、答えのない問いがあるという点には私も同感です。

幼い子どもと同様、私たちもつねに何らかの説明を求めたがるものです。もっとも、子どもの場合、答えを知りたいのではなく、親の気を引くためであることも多々ありますが。

もう一方の「人間はどこにいたのか？」。大虐殺は人間の連帯意識に対する最大の否定です。列強と呼ばれた大国たちが見て見ぬふりをした結果です。アルメニア人の虐殺についても、表立って言われている以上のことを知っていたのに傍観を決め込んだ。当時オスマン帝国は強大で、世界は一九一四年の第一次世界大戦勃発でそれどころではなかったからです。

ショアも二十世紀の大虐殺の一つですが、それまでとは違った特徴があります。別にこれが最悪で、他は大したことないと言いたいのではなく、ユダヤ民族に対する憎悪を植えつけ、蔑《さげす》んだという点で際立っているということ。純潔、優越感の偏愛的思想がナチズムの根幹をなし、地政学上のみならず、宗教・文化面での問題も含まれていますから。自分たちの崇拝する主義の下にユダヤ人を一人一人殺す。その一つ一つが神に対する平手打ちです。

　最近読んだ本で、吐き気を催すものがありました。プリーモ・レーヴィが序文を寄せている、ルドルフ・ヘス著の『アウシュビッツの指揮官』。強制収容所の所長をしていた人物が、拘置所で書いた回想録です。淡々と綴られているだけに、事件の悪辣《あくらつ》さや非人間的な行為が伝わってくる。人間の良心を麻痺させる思想に悪魔の色が感じられました。


**ラビ**　ショアの最も深い核心部分である、デリケートな点に触れてきましたね。先日、「ユダヤ人はショアを私物化して、同様に被害を受けた他の民族を軽視している」という、クラクフ大司教の発言がニュースになりました。第二次大戦の五千万人の犠牲者に比べれば、ユダヤ人の六百万などほんの一部だと主張する者さえいます。

　ですが、ユダヤ人が政治的理由で殺されたわけでも、戦場で戦って死んだわけでもない。もちろん、それら二つの理由とて正当化できない、忌むべきものです。問題はショアが文化や信仰など民族特有のものを理由に、ユダヤ人の全滅を意図したところにあるのです。

　おそらく殺害した側はイスラエルの神に挑むつもりであったのであろう。戦後、この大虐殺に、〝犠牲〟を意味するホロと〝焼く〟を意味するコーストを組み合わせ、ホロコースト（燔祭）という呼称が生まれたのかもしれない。誰が名づけたにしろ、ナチズムによって造られた偶像神に、イスラエルの民をいけにえとして捧げるとでも考えたのかもしれません。

ヘブライ語ではショア（破壊）、聖書からとられた言葉です。まさに読んで字のごとく、人間の手で人間の破壊がなされたということです。

ポーランドでも戦争の犠牲者は大勢いましたが、ショアと異なるところがあります。収容所ではポーランド人やラトビア人、リトアニア人、ウクライナ人が人間の最悪の部分をさらけ出し、ユダヤ民族根絶に荷担した例もありますから。ナチスはユダヤ教・キリスト教の概念そのものを消し去ろうとしました。

マルク・シャガールにタリート〔ユダヤ教の礼拝時に男性が着るショール〕をまとい、磔《はりつけ》にされたキリストを描いた作品（『白い磔刑』）があります。足元には火のついた枝つき燭台があり、まわりには暴力行為が描かれている。燃え上がるシナゴーグ、神聖なる巻き物を救おうと駆ける老ユダヤ人、逃げまわる女、子ども……。

私もつねづね、死の収容所でなされた行為は六百万人のユダヤ人に対してだけではなく、イエスを六百万回殺したのに等しいと言っています。イエスの考えやメッセージは預言者たちの唱えたものを引き継いでいましたし、イエス自身がユダヤ人だったのですから。

**教皇**　それは実にキリスト教的な考え方ですよ。苦しむ者一人一人のなかにイエスがいる。われわれの苦悩でキリストの受難に欠けたところを埋める、とでも言いましょうか。

**ラビ**　タルムードの思想でもあります。「ミシュナー・サンヘドリン」（6・5）で死刑について触れていますが、たとえ刑罰でも受刑者と共に神も苦悩している。執行される段階でも、神は共にあると。そう考えると、本当にあなたの言うとおりだと思いますね。

**教皇**　先ほど述べた本では、いくつもの恐ろしい事実を突きつけられました。殺害したユダヤ人から歯や髪の毛を奪っただけでなく、その作業を別のユダヤ人にやらせていた。背信行為をさせて罪をなすりつける。悪魔の邪悪さです。ユダヤ人自ら手を染めたのだ、ナチスに罪はないと。悪辣行為の背後に潜む憎しみや周到さには寒気がします。

**ラビ**　当時のカトリック教会の態度についてはどうお考えですか？

**教皇**　ナチスに抵抗したことで知られるクレメンス・オーギュスト・フォン・ガレン枢機卿が、二〇〇五年に列福されました。彼自身が身の危険にさらされたはずだと考えると、当初からナチズムを告発していたその果敢さは驚嘆に値します。

ピオ一一世は完璧なドイツ語を話しましてね。ドイツ語で書かれた《燃えるがごとき憂慮をもって……》で始まる回勅「ミット・ブレネンデル・ソルゲ」を改めて読み返すと、その内容はいまだ現実味を失っていません。おそらく初めの頃は状況に疎い司教が何人かいたことと思います。不穏な動きを察知し、いち早く告発した者がいる一方、なかなか事情がつかめず時間を要した者もいる。それは軍事政権時代にわが国で起こったのと同様です。教皇庁が事態を把握してからは、ユダヤ人へのパスポート発行を始めました。

ピオ一二世が死去したとき、ゴルダ・メイアが多くのユダヤ人を救ったと記した書簡を送っています。現在イタリア・ローマの教皇庁大使館として使われている庭つきの邸宅は、ナチス占領中にかくまってもらったお礼にユダヤの大物政治家から寄贈されたものです。バチカンはイタリア国内にある付属の施設で大勢のユダヤ人を保護したので、戦争終結後に生存者が教皇に礼を述べに言った例も多いです。

ここまではポジティブな話ですが、逆に、本来語るべきことをきちんと語らなかったと教会を非難する声もあります。それに対して、仮にすべてを公表していたら事態はもっと悪化していた、ユダヤ人を救えなくなっていたと主張する人もいます。一部のユダヤ人を保護するためには、教会側の声明も慎重にならざるをえなかったと。

もっと何かできたのではないか？　誰にも答えようがありません。最近イエズス会員を含めた歴史家たちが、当時のカトリック教会の行動を綿密に調査した本が出たばかりです。

**ラビ**　私が尋ねたかったのは、まさにそれですよ。もっと何かできたのではないか？

ミュンスターの大司教フォン・ガレンに関連する話をします。現在私が働く共同体を創ったフリッツ・シュタインタール師はドイツ出身で、かつてミュンスターのラビでした。一九三八年十一月九日から十日にかけてドイツ各地でシナゴーグやユダヤ人の住宅、商店が襲撃・破壊された、あのクリスタル・ナハト（水晶の夜）の生存者でしてね。彼が著した文書に、当時身の危険を顧みずにユダヤ人を救った、フォン・ガレンらキリスト教の聖職者たちの名が感謝の念と共に記されています。

ショアに対するピオ一二世の行動については何とも言いがたいです。賛否両論あって結論づけられないためなのですが。先ほどあなたが述べたゴルダ・メイアの書簡に関しても、別の記述をしている本もあるほどですし。

世界ユダヤ人会議は、今もなおバチカンに対し記録文書の開示を要求しつづけています。今後のよりよい関係のためにもこの際、過去を徹底的に検証し、どこで間違いを犯したかを把握する必要があると思います。それが過ちを繰り返さない唯一の方法です。誠実な自己批判こそが、前進のための唯一の姿勢ではないでしょうか。

ピオ一二世の列福調査の神学的根拠やカトリック教会の長としての重要性を論じるつもりはありません。一宗教家としての疑問は、ショアを知ったとき、なぜ沈黙するほうを選んだのかということです。なぜ公然と自分の怒りを表明することができなかったのか？　預言者はどんなに小さな不正義にも叫ぶのに。教皇が叫んだらどうなっていただろう？　人々に良心を目覚めさせられたか？　それともドイツ兵がさらなる圧力をかけたか？　私自身は今ここで主張する気はありません。ただ、声を上げられなかった者たちの思い、苦悩を味わいながら死んでいった者たちの立場になって述べています。他を見捨てる形で、誰かを救うことができるのか？ユダヤの掟に従えば、敵兵に包囲され、全滅させないのと引き替えに誰か一人を殺すと要求されたら、全滅させられるほうを選びます。誰を救い、誰を救わないか、その権利はないのです。

**教皇**　ショア関連の文書の公開については全面的に賛成です。開けてしまって何もかも一挙に明らかにすればいい。何かできたか、どこまでできたか、どこで間違ったか。そうすれば教会も「ここで過ちを犯した」と言える。そのことを恐れる必要はありません。真実は客観的なものでなければならない。真実を隠そうとすれば、聖書の教えを無視していることになる。神を信じているが、ある程度までと見なされても仕方がない。百パーセント賭けることをしない行為です。

忘れてはならないのは、人間はみな罪人とはいえ、それに甘んじてはいられないこと。たとえ神が慈悲の心でわれわれを愛していても、反省しないでよいわけではありません。仮に私が罪を犯し、自分の罪を認めなければ神の慈悲も届かない。真実を知るためにも、文書の公開は必要でしょう。

**ラビ**　ユダヤ教が教皇庁絡みでもう一つ衝突するのは、ベネディクト一六世が幾つかの団体に、ユダヤ教徒の改宗を祈ることを容認したことです。

**教皇**　祈りの文句は、ラテン語では「信仰を持たぬ者たちのために祈りましょう」となっていますが、スペイン語では「不実なユダヤ教徒のために……」と実に辛辣《しんらつ》でした。ヨハネ二三世が一挙に消した箇所です。

**ラビ**　対話への道のりを率先したのが、まさにヨハネ二三世でしたね。教皇大使としてトルコにいたときにも、偽の洗礼証明書を発行して大勢のユダヤ人を救ったことで知られています。教皇に就任してからは、過去にない変革に着手しました。彼には一牧者のイメージを強く感じます。ヨハネ二三世がしたこと、語ったこと、どれをとっても魂を賭けたという印象です。

それに引き換え、ピオ一二世は命を賭けて取り組んだか、ユダヤ人だけでなく全世界のために行動したか、大いに疑問です。遠慮なく言わせてもらえば、教会のことしか考えていなかったのではないか？　今後を大きく左右する決定的瞬間に、迅速かつ適切に行動を起こさなければ、一体いつできるというのでしょう？　私も含め、多くの者を悩ます問いかけではあります。

**教皇**　ヨハネ二三世がユダヤ人に偽の洗礼証明書を出したという話は、何度も耳にしていますが、事実を裏づける文献はまだ見たことがなくて。

**ラビ**　ありますよ。国際ラウル・ヴァレンバーグ協会がすべて文書を保管しています。ユダヤ人のために命を賭けた外交官、その他の人々の勇気ある行動を広めていくことが、この団体の役目の一つでもありますからね。

　ものごとを深く追究していくのに、歴代教皇がどんな教育を受けたか、背景を理解するのも必要かもしれません。ピオ一二世は教皇庁ともつながりが強かった家で育っています。そう考えると、外交を通じて問題を解決する姿勢を取っても不思議ではない。外交手腕が発揮できない場合は、解決策が見出だせなくなるでしょう。一方、のちのヨハネ二三世、ロンカッリは小村の素朴な家の出です。それゆえに他者への配慮一つとっても、迅速に行動に移すことを肌で感じて生きてきた。外交術とは対極にあると言えるでしょう。両者の違いを見ていくことで、何らかの答えが見出だせる気がしますね。

**教皇**　繰り返しますが、判断を誤ったのか、何が起こったのかを知るためにも文書に書かれていることを読むのが先決です。私自身もまだ正確な情報を持っていませんので。

　これまで見てきたピオ一二世に関する記述は、好意的なほうが多かったと思いますが、私自身すべての文書を見たわけではないことは認めなければなりません。

その他の件については、あなたの言うとおりです。ヨハネ二三世は生涯農村の人でした。末期には彼の姉妹が付き添って、イタリアの田舎でよくやられているように、酢を浸した冷たい布を額に当てて看病したそうですよ。

**ラビ**　ピオ一二世はユダヤ教・キリスト教間の対話にはあまり熱心ではありませんでした。むしろ難色を示していたと言うほうが正解かもしれない。

第二次大戦後、教会内には両者の対話の実現に努めた者もいましたが、ヨハネ二三世が就任して（一九五八年）、ようやく変革が始まったと言えます。世界ユダヤ人会議の代表団を迎えた際、両腕を広げて歩み寄り「私はあなたがたの兄弟のヨセフです」と言ったと。ヨセフが兄弟たちと和解したときに発した言葉です。

もちろんみながそうとは限りません。さまざまな理由や状況で敵意を見せた者もいます。二千年の歴史でキリスト教のさまざまな教派に、反ユダヤ主義思想がどう根づいていったかを記録した本が何冊か出版されています。いつの時代にもわれわれユダヤ人を敵視する説教をしていた司祭、尊敬の念を抱いて真の対話をしてきた司祭の双方がいました。ユダヤ人の大虐殺を鼓舞し、人々に非道な行為を認めた時期もあり、一九二〇年代、三〇年代のアルゼンチンでは、ユダヤ人への憎悪を説くカトリック系の雑誌もありました。

今ここで改めてこの対談を出版する意義を考えると、過去に陥った悪循環を断ち切り、原点すなわちユダヤ教とキリスト教に流れる共通部分に立ち返ることに尽きると思います。

一方は神がイエスという人間として現れたと信じ、もう一方はそうではないと主張する。考え方の相違があっても、憎悪や恨みを生み出す理由にはならないはず。もしかしたら、いつか何らかの真理が得られるかもしれませんが、今は共に力を合わせて働くしかない。根元に流れる倫理観についても多くの共通項が見出だせるのですから。別に対立しなくとも、福音書の記述とタルムードの賢人たちの解釈を照らして穏やかに論じることはできます。

反ユダヤ主義のほとんどは、ユダヤ人であるのを根拠に憎悪をあおったものです。たとえばロシアでは、皇帝アレクサンドル二世の暗殺もユダヤ人のしわざにされた。大衆を操るため政治的に教会を使う。すでに事実は立証されています。

鍵は原点に立ち返ることです。平和な世界を望むのであれば、キリスト教徒もユダヤ教徒もそれぞれが伝統のよい部分を携え、共にオールを漕ぎ、前進しなければなりません。目指す方向が同じである限り、互いを育むのは可能です。ニューヨーク市にある長老教会系のユニオン神学校で、アブラハム・ヨシュア・ヘシェルの「いかなる宗教も孤島ではない」と題した講義が行なわれたのもその好例でしょう。

われわれは、第二次大戦時まで続いた、絆が断ち切れ、分離された状態に戻るわけにはいきません。相手のアイデンティティーを変えるのではなく、互いに歩み寄る。より広い視野で見すえ、みなのために発するメッセージであるべきです。

**教皇**　第二バチカン公会議の言葉が鍵になりそうです。「神は全人類にご自身を顕されたが、最初に神との約束を受け入れた民を救われる」という一節です。神はご自身の約束に忠実なお方ですから、その人たちを拒んではいなかった。カトリック教会は公式に、イスラエルの民が約束を託された者であるのを認めています。一度も「君たちは負けた。今度はわれわれの番だ」などと言ってはいない。イスラエル民族を認めているわけです。このテーマは第二バチカン公会議で最も勇気ある表明だったと、私自身は思っています。

それに加えて、長年はびこってきたユダヤ人への「キリスト殺し」という非難も一掃されました。キリストの受難の箇所を読めば一目瞭然です。ユダヤ人に対する不当な非難は、まるで政府のしたことを理由にアルゼンチン国民全員に非難を浴びせるようなものです。

**ラビ**　実際イエスの時代、政権を握っていたのはユダヤ人ではなく、ポンテオ・ピラトとローマ人だったわけですし。十字架上のイエスにＩＮＲＩ（ユダヤ人の王、ナザレのイエス）の罪状書きがあるのを見ても分かります。ユダヤ人に主権があったとしても、権限はローマに移っている証拠です。また、十字架を死刑に使用するのもユダヤ人の慣習ではない。それどころか、当時サンヘドリン〔ローマ帝国支配下のエルサレムにあったユダヤ人の最高自治組織〕はすでに死刑を執行していなかった。仮に行なわれていたとしても、ペサハ〔過越し祭。出エジプトを記念したユダヤの春の祭り」の最中に死刑を執行するはずがないのです。イエスに対し、おまえは神の子ではないと告げた人物のなかに、一部ユダヤ人が含まれていたとしても、のちの世代にまで罪を着せる権利はありません。

**教皇**　当然ながら、神殺し、キリスト殺しと非難される筋合いはありません。

話を元に戻します。先ほどアルゼンチンのカトリック教会にも反ユダヤ主義があったと述べていましたね。クラスの半分がユダヤ人だったという、ヨハネ・パウロ二世のような経験はありませんが、私のクラスにもユダヤ人の友人はいました。なかにはユダヤ系の子を〝ロシア人〟と呼ぶ者もいました。子ども同士で遊んだりするのに問題はなかったです。

確かに、反ユダヤ主義思想のカトリック信者はいましたし、残念ながら今でもいます。さすがに三〇年代のような質《たち》の悪い聖職者はいないでしょうが。

現在のアルゼンチン・カトリック教会は、明確に異宗教間の対話の姿勢をとっています。この試みの先駆者がホルヘ・メヒア、アントニオ・クアラッチーノ両枢機卿だったことは、ここで触れておくべきでしょう。

**ラビ**　メヒア師はラビ・マーシャル・メイヤーとよく一緒に仕事をしていました。二人で宗教研究高等機関*を創設したほどです。クアラッチーノ師が埋葬された場所には壁があるのですが、そこには大虐殺時に各地の収容所を生き延びたヘブライ語の祈禱書の断片と、ショアに関する文書が掲示されています。本当はブエノスアイレス大聖堂に飾りたかったという話ですが。

＊宗教研究高等機関（ＩＳＥＲ）は一九六七年、カトリック、プロテスタント、ユダヤの聖職者が互いの理解と共存をうながす目的で創設された。神学的立場から国内の社会問題の分析もしている。設立当初のメンバーには、ホセ・ミゲス・ボニーノ、リカルド・ペトラントニオ、ピーター・クラーク、リカルド・コーチといった牧師がいる。また、当時ビジャ・デボーテ地区のカトリック神学校で教師をしていたホセ・バリエンテス、三〇年後に枢機卿となり、バチカン官僚として活躍することになるホルヘ・メヒアもいた。この試みの先駆者であり、最大の貢献者としてはユダヤ教のラビ、マーシャル・メイヤーが挙げられる。

**教皇**　その件に関して言うと、一部の宗教団体が撤去を求め、大聖堂の博物館に移せと圧力をかけてきましたが、こちらは一歩も譲りませんでしたよ。

# 第25章　70年代について

ラビ　「国家再編過程」[*1]時代の件で議論となるのは、ユダヤ共同体とりわけDAIA[*2]が当時、政治的にどのような行動をしたかです。それは、行方不明者たちの擁護に乗り出したラビ・マーシャル・メイヤーの存在と保守派運動が大きな影響力を持ち始めた頃でした。メイヤーの弁では、孤高の戦いだったと言いますが、できる限り手を尽くしたからこそ、ラウル・アルフォンシン大統領にCONADEP[*3]への参加を請われたのです。「軍事政権下での惨劇の数々を聞くにつれ、本当に具合が悪くなった」と本人は言っていましたが。

マーシャルの弟子である私たちラビの一団は、彼と一緒にハコボ・ティメルマン[*4]の釈放を求めて署名を集め、DAIAの事務所に持っていきました。ところが、難色を示され、結局公にされずに終わりました。そのときの執行部の態度をどう判断するかは、正直なところ難しいです。

あなたがおっしゃっていたように、当時の状況を踏まえたうえで一つ一つの出来事を分析、判断する必要があります。個々の抱える問題も一様ではないでしょうし、信念や道義に欠けていた、臆病な行為だ、と誰かを非難すれば済むという問題でもありません。しかし、軍事政権のような状況で一共同体の統率役が黙認していたとなると、それなりの調査はすべきだと思います。

行動するかしないかの決断を迫られる瞬間は、誰にでもあるものです。当時ＤＡＩＡの書記長だったネヘミアス・レスニスキーは息子を誘拐された。解放と引き換えに軍部と何らかの取引をしたのではないかとささやかれています。その件を調査している者たちは、当時の問題を解明するため、またＤＡＩＡが本当のところ何をして何をしなかったのかを知るためにも、細かく分析する必要があります。周囲で何が起こっていたか、情報を把握していながらふさわしくない行動をとった者がいる、と安易に判断したくはありません。

ただ、他の者とはまったく違う行動に出た者もいました。マーシャル・メイヤーはその一例です。彼の行動は終始一貫していました。彼はアルゼンチン人ではなく米国人ですが、預言者たちの叫びをわれわれの社会に取り戻してくれました。今でもわれわれの記憶には、当時彼がオベリスクの前でアルゼンチン国民に訴えた説教が刻まれています。あの状況下でアルゼンチンにおける人権侵害を語り、戦った勇気は評価されるべきです。

マーシャル・メイヤーが自ら戦い、すべての者に扉を開いた。われわれも彼の後に続いたわけですが、闇とも言うべきあの時代、彼と共に行動した者たちは今でも多かれ少なかれ影響を受けていますし、軍事政権崩壊後も協力してきました。弟子の一人フェリペ・ヤフェはその後、ＣＯＮＡＤＥＰコルドバ支部の仕事に加わっています。私は当時担当していたテレビ番組『神は私の憩い』で民主主義の重要性を繰り返し主張し、軍事政権とは相容れない部分を表明したつもりです。

当時のＤＡＩＡ上層部を擁護する者もいますが、批判者が多勢で、それが無数の被害者と家族たちであるのも無視できない現実です。一方、同時期にメイヤーは権限を握る者がしなかったこと、人間としてなすべきことを、身を危険にさらしながらもやってのけた。こればかりは揺るぎようのない事実であり、当時の上層部の過ちを明確に物語っています。

＊1　国家再編過程：略称〃プロセッソ〃。一九七六年のクーデターで樹立した軍事政権の旗印。反体制派、ゲリラと見なした者を徹底的に弾圧。左翼系政治家や労組幹部、ジャーナリスト、学生らを誘拐、拷問、殺害し、一般市民に多数の行方不明者を出した。

＊2　ＤＡＩＡ：アルゼンチン・イスラエル協会代表団。政治分野、他の共同体との対話を担う、アルゼンチン・ユダヤ共同体の機関。

＊3　ＣＯＮＡＤＥＰ：行方不明者原告委員会。アルフォンシン政権下で作家エルネスト・サバトを長に発足。軍政時代の人権侵害を調査し、生存者や被害者家族らの証言を報告書『ヌンカ・マ

ス（ノー・モア）』にまとめた。

＊4　ハコボ・ティメルマン：ジャーナリスト。『ラ・オピニオン』紙を創刊。軍事政権の人権侵害を非難したことで一九七七年に誘拐、拷問された。二年半後に釈放されて国外追放処分となり、米国に亡命。

**教皇**　軍政時代のカトリック教会と国家との関係はさらに複雑です。教会側は当初、公式声明より行動や交渉を優先しました。とはいえ、クーデター後まもなく声明も出しています。二〇〇六年にアルゼンチン司教協議会が「教会と国家共同体」文書発表二十五周年を記念して出版した本『アルゼンチンにおける教会と民主主義』の第3章で、一九七六年五月十五日付の司教教書について触れています。

軍部の不穏な動きを察知していた司教もいました。サンタフェ大司教サスペ猊下《げいか》が代表格です。サンタフェ市長が拷問を受けたと知るや、即座に動きました。彼以外にも異変に気づいて戦った司教たちがいます。エサイネ、ホルヘ・ノバク、ハイメ・デ・ネバレスもそうですし、メソジストのアルド・エチェゴージェン名誉監督らも行動に出ました。みな、日頃から人権について口にしていただけでなく、実際にそのために働いていた人たちです。のちに彼ら自身が語っているので知っている人も多いでしょう。

それとは別に、人々を救いながらも、そのことをほとんど口にしなかった教会関係者もいます。軍施設などに出向いては、司令官らに必死に食い下がって戦っていました。

当時、私は三十九歳、一九七三年からイエズス会管区長を任されていました。いろいろな意味で管轄権を持っている司教と違い、私は周囲で起こっている出来事も断片的にしか把握できていませんでした。クーデター当日の一九七六年三月二十四日には、何も知らずに引っ越しをしていたほどですから。ボゴタ通り三〇〇番地にあった事務所を、サン・ミゲル市にあるマクシモ神学院の敷地内に移転することに一年ほど前から決まっていました。偶然その日に決めたのですが、後から思えば、その後起こることを予期していたのかもしれません。荷物を運んでいるあいだに、国では新たな状況が展開しつつあったのです。警察がやってきて、何をしているんだと尋ねられたのを覚えています。

サン・ミゲルのイエズス会施設には随分と人をかくまいました。マクシモ神学院のほか、精神修養の場や神学校の哲学部・神学部の教室が二百ほどありましたから。何日間か身を潜めた後、自力で逃げる者もいれば、国外に連れ出してくれる人が来るまで、あるいはもっと安全な場所が見つかるまで残る者もいました。世間で何が起こっているのか、現実を目の当たりにしたのはそのときだったと言えます。

その頃教会は何をしていたのか？　他の組織と同様、教会も聖人と罪人の集まりでした。双方を併せ持つ者もいたと思います。過ちを犯したカトリック教徒がいる一方、信念を貫きとおした者もいた。共産主義撲滅を理由に数々の残虐行為を正当化する者さえいました。われわれ聖職者ばかりでなく、多くの人を混乱させたものに、イサベル・ペロン政権が宣言したトゥクマン州のゲリラ掃討作戦と、各地で起こっていたテロ事件が挙げられます。フォルモサで歩兵連隊を襲ったゲリラたちが処刑された痛ましい出来事も覚えています。彼らを生かしておいてはいけないのだと口にする者もいました。

軍のクーデターでペロン政権が崩壊し、それ以上に悪辣な軍事政権が誕生した。軍政下で行なわれた数々の残虐行為は、次第に人々のあいだにも知れ渡るようになりました。わが祖国に今も重くのしかかる汚点だと私は思います。恨みを正当化するわけには行きません。憎悪でものごとは解決しないからです。しかしながら、子や親を奪われた多くの人々の感情をないがしろにはできません。殺害されたことは分かっていても、何があったのか、どれだけの拷問を受けて殺されたのか、くわしい事実がいまだに知らされない者も多い。

今でもしばしば「五月広場の母たち」[*5]に対し、非難を浴びせる人がいますが、そんな人たちに対し、私がいつも言うのは、彼女らの立場になって考えてほしいということです。彼女らが被ったことを考えれば、当然尊重し、寄り添うべきだと思います。

ここまでの話を簡単にまとめると、軍政下でアルゼンチン・カトリック教会の信者がとった態度は三つに大別されます。ゲリラ活動に身を投じて亡くなった者、迫害された人々を救出した者、祖国を救うと信じて抑圧する側に回った者。聖職者では、それらが複雑に絡み合っている場合が多いです。司教協議会は表沙汰にせず活動しつつ、公式声明も発表した。ただこの件に関しても入念な調査が必要だという点では、あなたの意見と同じです。事を単純化して、軍事政権と共謀していたと見なすのも実に問題です。

＊5　一九七七年、行方不明となったわが子の情報を求め、ビデラ大統領との会見を要求する母親たちが結成した団体。毎週木曜日、カサ・ロサーダ（大統領府）正面の五月広場に集い、白いスカーフ姿で沈黙の行進をした。その数三万人とも言われる行方不明者の多くはいまだ消息不明のままで、「最後の一人を見つけ出すまで行進を続ける」と宣言する〝母たち〟（政治的見解の相違から途中二団体に分裂）は、今日もなお五月広場に集っている。

**ラビ**　軍事政権時代、各共同体を統率する者たちにはどんな権力があったのか？　との疑問も出てきます。ＤＡＩＡは国内のユダヤ共同体の代表的役割、特に道徳面での力はあったのですが、実のところいかなる権力を握っていたのか？　当時、上層部の人間たちに何があったのか？　それを知りたくて、尋ねてみましたが、何も納得できる情報は得られませんでした。当時はまだ若く、何のつてもなかったからかもしれませんが。

くどいようですが、同じ問いを繰り返します。あの時代、指導的立場にいた者たちは、本来とるべき行動をとったのか？　カトリック教会だけではなく、当時何らかの形で国に影響力があった者たち全員に対してです。

なぜ腐敗の構造を揺るがすことができなかったのか？　権力を失いたくなかったのか？　軍の戸を叩き、兵士らに「そんなにゲリラと戦いたければ、法廷で戦え」と言える空気がアルゼンチンの社会全体にあったなら、あれほど多くの行方不明者は出さずに済んだのに。あまりに無残です。

**教皇**　あなたの主張のように行動したのは、アウグスト・ピノチェト軍事政権下でのチリ・カトリック教会です。「連帯ビカリア」[*6]を設立し、信念を貫きました。

わが国のカトリック教会は声明を発する一方、秘密裏に行動したことで、その後さまざまな憶測が飛び交ってしまいました。なかには不当な非難を受けた者も少なくありません。私も二名の聖職者の件[*7]について、インタビュー集『イエズス会士』ではっきりさせなければならなくなりましたからね。

＊6　連帯ビカリア：チリ・カトリック教会の人権組織。ラウル・シルバ・エンリケス枢機卿の要請で教皇パウロ六世が創設。軍政の被害者を援助し、救済の手を差し伸べた。

＊7　軍事クーデターから二カ月後の一九七六年五月に発生した、海軍によるイエズス会司祭二名

の誘拐事件。当時イエズス会アルゼンチン管区長だったベルゴリオは、オーランド・ヨリオとフランツ・ヤリクス両神父に貧困地区での活動をやめるよう求め、拒否された。そこで二人が教会の庇護下にないことを軍部に通報、誘拐されるに任せた、といわれなき非難を浴びる。この件についてベルゴリオは一切答えてこなかったが、同インタビュー集で初めて事実を語っている。

# 第26章　新大陸の征服、社会主義とペロン主義など、歴史的事象について

**教皇**　スペインの征服にカトリック教会がどう関わったかを語る際、当時のアメリカ大陸がインディオ（先住民）たちの調和が取れた平和な世界ではなく、強者が弱者を支配する帝国が君臨していた事実を考慮しなければなりません。つまり、戦いはもともとあったわけで、より強い者たち、より発展した者たちに、たとえばインカ人などに隷属させられた民がいました。

歴史をひもとくには、その時代を多面的に解釈しなければなりません。一方的に推測した解釈では歴史をゆがめてしまい、理解を妨げます。文化的な背景を無視することも、単なる的外れな時代錯誤の考察に陥りかねません。

十字軍についても同様です。今となっては理解に苦しみますが、殺戮を繰り返し、聖地エルサレムからトルコ人を追い出した時代があった……カトリック教徒が略奪行為に及び、コンスタンティノープルを破壊したとき、そこにいかなる神学上の釈明があるでしょうか？　紛れもなく大罪ですが、当時の文化ではそうだった。われわれ人間に宿る野蛮な部分を示していると言えるかもしれません。

自分たちの信仰の尊さのみを重んじた征服者は、敵の首をはねる行為ですら信仰心の表れだと信じていた時代です。とても純粋な道徳論だけでは歴史の分析は無理です。悲しいかな、信仰があろうとなかろうと歴史はつねにそうでした。われわれ人間が恥じるべき事柄ですが、その時代には信仰と剣が一体化していました。

歴史の分析はその時代の基準を踏まえてなされるべきです。悪辣行為を正当化するためではなく、出来事を理解するために。事件が起こった頃の文化的背景を探ることは不可欠な要素です。一例を挙げると、父アブラハムが息子イサクをいけにえに捧げようとした行為も、現代のわれわれの価値観からすれば理解に苦しむものです。当時の考え方や慣習に基づいて調べねばなりません。

もう一つ重要なのは歴史の全体的な流れを把握すること。時代を限定した部分的な解釈で終わらせてはならない。一つ一つの断片が全体像を形作り、最終的に一大史となるのですから、おろそかにはできません。

スペイン人の侵略もしかり。彼らが新大陸にやってきたのは、商活動をするためで、黄金が目当てでした。一方、布教目的で、救済するためにやってきた聖職者たちもいた。スペイン人の蹂躙《じゅうりん》に耐えきれず、インディオの擁護者となった修道士バルトロメ・デ・ラス・カサスもその一人です。異論もあるでしょうが、聖職者の多くは温和な人物で、インディオたちを尊び、友好な関係を築こうとしていたのだと思います。彼らは、一夫多妻制や人身御供、今でいうアルコール依存症などまったく異質の慣習にも直面した。われわれが好んで飲んでいるマテ茶、これもインディオのキリスト教化のために建設された布教村、レドゥクシオンで生まれたものです。チチャ〔トウモロコシの発酵酒〕依存症に陥っていた先住民たちに、有害でなく、それでいて志気を高められる飲み物はないかとイエズス会士たちが発明した。広めるのは並大抵の努力ではなかったと思いますよ。掠奪者と同一視されるのを嫌った教会の聖職者が、先住民たちのなかに入っていくわけですから。

当然スペイン人同士の対立も生まれました。イエズス会士の聖人で、パラグアイ・アスンシオン生まれのロケ・ゴンサレスも兄弟と対立しています。インディオの奴隷化に反対して、アスンシオン市長をしていた兄弟と真っ向からやり合った。イエズス会の布教村では聖職者が先住民の擁護に走った。人間を尊重した好例ではないかと思います。

**ラビ**　スペイン征服時代にユダヤ人が関わった例は特にありません。強いて挙げれば、ラプラタ川流域にたどり着いた隠れユダヤ教徒たちですが、侵略していたわけではありませんし。一八一〇年にリマの異端審問所が、地域に住む隠れユダヤ教徒の引き渡しを要請したほどですからね。その辺のことはボレスラオ・レビンがくわしく研究しています。

ユダヤ人の政治的・文化的影響を語るには、大量にユダヤ人の移住が始まった一八八〇年まで待たねばなりません。パリ在住のドイツの銀行家バロン・モリス・ド・ヒルシュの支援でアルゼンチン内陸部にモイセスビレ、マウリシオほか多くの植民コロニーが創られ、農業政策が促進されました。アルゼンチン憲法の事実上の起草者ファン・バウティスタ・アルベルディが著作『礎《いしずえ》』でも触れていますが、ヨーロッパ移民を受け入れるうえで重要な鍵となった試みの一つです。

ユダヤ人の、国への貢献は科学や文学から始まりました。作家・ジャーナリストのアルベルト・ゲルチュノフ、ベルナルド・ベルビツキー、セサル・ティエンポ、偉大な医師たちの活躍も大きかった。政治分野への参加は移民の第二波が押し寄せた一九一〇、二〇年代。トルコや東欧からやってきたユダヤ系移民が社会主義思想を持ち込みました。ディックマン兄弟が活躍した社会党や共産党など、労働者の権利を主張する活動にユダヤ人が多いのもうなずけます。アナーキストも多く、警察署長ラモン・ファルコンを襲撃したシモン・ラドヴィッツキーは有名です。その後、アルゼンチンでもナチズムが台頭してきましたが、地元のユダヤ共同体が積極的な抵抗活動を展開しています。

私がユダヤ文化について語るのは、ユダヤ教を価値観の集大成、世界観の表れと見なしているためですが、担い手は必ずしも宗教的戒律を厳しく守っている人とは限りません。特に一九二〇、三〇年代にユダヤ文化を牽引したのはヨーロッパ移民で、政治的思想も彼らが持ち込んだものです。新天地に社会主義思想を根づかせようとしたシオニストたちも多く、同じ社会主義でも、より国際的なネットワークを重視する派もいた。そんなわけで、場合によってはユダヤ共同体がアルゼンチン政治の社会思想に関わることもありました。フアン・ドミンゴ・ペロン大統領（任期一九四六〜五五年、七三〜七四年）[*1]のユダヤ人観に触れておきましょう。彼はナチスの残党（科学者や幹部）を受け入れながらも、一九四九年初頭からイスラエル国家を認め、国内のユダヤ共同体とは良好な関係を保っていました。パソ通りの大シナゴーグのラビ、アムラム・ブルムは、ペロンとかなり近しい友人でした。DAIAが政府と距離を置いていたので、ペロンのシンパは四八年OIA（アルゼンチン・イスラエル協会）を設立。アルゼンチンのユダヤ共同体が割れたのはこのときだけです。

三〇年代から四〇年代は、ユダヤ共同体にとって実に厳しい時期でした。カトリック教会から頻繁に激しく糾弾されたからです。現在ではそんなことはまったくありませんが、当時の教会は、国粋主義者と反ユダヤ主義者の集まりでした。

**教皇**　国家主義の絶頂期で、ナショナリズムがゆがんだ形でカトリック信仰と融合したためです。今でもその手の極右の政治・宗教団体はあって、彼らが発行する雑誌で私もかなり叩かれています。異なる教派や宗教との対話を異端の罪と見なしているらしい。

ヨーロッパからのユダヤ系移民がいかに社会に貢献したか、事例を紹介しましょう。

ある日、年老いた男性が訪ねてきました。年金受給者を代表して私と話したいと述べ、自己紹介した。ペロン政権時代に裁縫師の労働組合長をしていたフリオ・リーベルマン氏です。

ポーランド移民の子で、アルゼンチン生まれの共産主義者。幼い頃に一度ポーランドに移ったそうですが、徴兵のためにアルゼンチンに戻ったまま定住したとのことでした。会話を始めたら実に気さくな方で、何よりも品位があり、その後たびたび会う仲になりました。いつだったか、私に対して誠実でありたいと言って、自分は信者ではない、さっきあなたが述べたユダヤ社会主義のグループに所属していたと教えてくれました。その時点で九十二歳。現役時代は労働者と共に戦い、引退してからは年金受給者のために戦う。文字どおり戦うユダヤ人という感じでした。社会正義を求めて戦う彼らの姿勢が、アルゼンチン社会の良心を大きく刺激した事実は否定しようがありません。フリオ氏の話ではその大半が信者ではなかったといいますが。

**ラビ**　確かに信者ではありませんでしたが、誠実に深く考えれば考えるほど、いったいどこまでが信仰でどこからがイデオロギーの範疇か、区別しにくいところがあります。

彼らは貧しい家の出で、社会の不平等や人の痛みを肌で感じていたから、社会主義者になったのだと見なす向きもありますが、同じ状況に生きていてもそうならない者もいます。

同時に、神や聖書の社会思想に反対する彼らは何がそんなに嫌なのだろうと自問します。聖書のなかでは預言者、特にアモス、エレミヤ、イザヤがあんなに説得力のある物言いで、社会正義を人々に意識させるべく、神の名で明確なメッセージを伝えているのに。

そうなると別の疑問が湧いてきます。もしかすると社会主義者たちは神と戦っていたのではなく、宗教組織や社会の不平等と戦っていたのではないかと。

**教皇**　カトリック信仰に根ざした社会主義の場合も同じです。宗教の枠を離れて社会のために戦うと、たいてい宗教組織との軋轢《あつれき》が起こってしまう。そうなると本来は共同体との橋渡しとなるべき信者が、障壁になる恐れが出てきます。自分のイデオロギーあるいは単なる自己満足のために信仰を持ち出すと、結局は信仰を妨げる。カトリック教会内で強い影響力を持っていた一部のグループが、一時的にせよ、そういった方向に傾いたのは私も認めますし、欠点の一つであったと思います。

もう一つの欠点はゆがんだ慈善意識です。人気漫画『マファルダ』[*2]に出てくる女の子、スサニータ風に言うと「サンドイッチやパンケーキ、おいしいものをいっぱい用意して、チャリティーを開くのよ。貧乏人が食べるまずいスープや麺、安物食材を買うためにね」。この手の慈善行為は社会的でもキリスト教的でもなく、信仰心とはかけ離れたものです。

それに今日「アモス書」をもとに説教などしたら、共産主義者とか第三世界主義者とか言われて、下手をすると危険人物として逮捕されかねない。神の言葉はわれわれが口にし、行動できる社会正義よりも強すぎる、つまりコミュニティーの許容範囲を超えているのです。あまりに衝撃的だからでしょう。

何でもありだった七〇年代ゆえに、少しずつある種の、社会の合意も芽生えてきた。当時の神父にはスサニータのような慈善行為はできず、貧しい者と正面から向き合わねばならなかった。それ自体はよかったのですが、そこにイデオロギーが介入する例も少なくなかった。聖職者のなかには辞職する者、教会の健全な発展の枠外に出た者もいて、のちに彼らは体制派から抑圧されることになりました。七〇年代には社会的なもの、宗教的なものにイデオロギーまで混じって、ロサリオやメンドーサなどの地方都市で神父たちの反乱が相次ぎました。

初期キリスト教会時代の聖ヨハネス・クリソストモスのような聖職者の説教は、預言者張りに辛辣なものでした。今の時代に司祭がそういう説教をしたら、大半の信者は戸惑うでしょうね。預言者たちはみな、神の名のもとに説教をしていたわけですから。

カトリック教会はつねに社会における責任を意識してきました。アルゼンチン国内に孤児院や学校、病院などを経営する修道会が多いのもその表れです。大勢の信者が社会貢献に励んでいる。社会から疎外された人々のために働く司祭の活動も、七〇年代に始まったわけではありません。一八七〇年黄熱病が流行した際、看護に当たった修道女たち六八名が死亡していきます。その後、平信徒が引き継ぐ形で、慈善事業を展開してきました。

エバ・ペロン財団についても触れておくべきでしょう。エビータ〔ペロンの妻エバ〕がまずは労働省から、次いで自身の財団で慈善事業を展開した際、慈善事業協会と対立しました。彼女が新たな団体を創ったことと、社会的影響力が勝っていたためです。

あなたもお気づきだと思いますが、ペロン政権当初、カトリック教会はペロン大佐と対立してはいなかったのです。親しい高位聖職者もいて、ペロンは教会の社会教説の要点を自著や演説に盛り込んでいました。彼に多大なる影響を与えたのはレシステンシア司教デ・カルロ師。ペロン夫妻とは昵懇《じっこん》の仲で、彼らの社会改革を綴った本の執筆にも協力しています。彼らの活動に多大な貢献をしたことから、ペロン政権はレシステンシアに神学校まで建設してやったほどです。ペロンはレシステンシアを訪問するたび、その神学校のバルコニーから民衆に語りかけた。新政権に肩入れしすぎだと、デ・カルロ師は周囲からずいぶん非難されたようです。彼自身は信仰心を政治に利用したことはないと断言していますし、実際そのとおりの偉大なる聖職者だったと私は思います。

面白いエピソードがあります。ペロンがいつものようにレシステンシアを訪れた際、広場に集まった人々を前に、デ・カルロ師への中傷を払拭しようとこんなことを言ったとか。「巷ではデ・カルロ猊下《げいか》がペロン主義者だとささやかれているが、それは間違っている。ペロンがデ・カルロ主義者なのだ」

政権が社会貢献への道を打ち出していたため、初めの頃は教会内にも支持者が多かった。一方、自由主義的な者たちは反ペロン主義の急進市民同盟、保守党、社会党に与していた。大統領選でペロンに対抗すべく民主連合を旗揚げした三党です。

要するに最初の時点では教会もペロン政権に協力し、よし悪しは別としてその見返りに、学校教育に宗教の時間が盛り込まれたわけです。

エビータの死後（一九五二年）は、次第に距離を置き始めました。政治状態も混迷し、五四年の衝突に至る頃には、教会上層部もどうしていいか分からなかったのだと思います。当時私は少年でしたが、目にした新聞記事の見出しを今でも覚えています。「財界と教会、用意は整った」。それからですよ、方々で衝突が起こるようになったのは。次第に激化して、ついに無実の市民が犠牲になる事態に。軍の国家主義者たちは、五月広場にいた一般人など無視して攻撃をする。しかも戦闘機には〝キリストは勝利する〟と刻んであったのです。[*3] 私はそれを知って、激しい憤りと嫌悪感を覚えましたよ。キリストの名を政治目的で使うなどもってのほかです。しかもそんな「低レベルの政治」で。

国粋主義と政治と宗教が混同された状態で、まったく無関係の人々を殺した。ときおり国家を擁護するためだと言い訳しますが、そんなものは認められない。市民を殺しながら市民を守ることなどできやしません。

ただ、ここで何もかも単純化して、教会はペロンを支持した、支持しなかったと言いきってしまうのも問題です。ペロンと教会の関係はかなり込み入っていて、初めは支援し、その後も協力する立場を取る者もいたが、最終的には対立に至った。ペロン主義者のなかにも左派、右派、その他があるように、実に複雑なのです。

もう一つはっきりさせておきたいのは、新聞で「教会」と指摘されるとき、おもに司教や司祭、あるいは上層部を指すことが多いのですが、本来教会は神の子である民衆全員のものです。当時「黒髪」[*4]と蔑称された者たちは、カトリック教徒でしたが、教会を焼き討ちにしたがっていた政府以上に、狂信的なペロン主義者でもあったのです。

＊1　一八一〇年スペインからの独立を宣言したアルゼンチンは、周辺国との紛争や内戦が続いてしばらく政情が落ちつかなかった。十九世紀終わりから二十世紀にかけて豊富な天然資源と肥沃な大地を生かした農牧業で経済的に発展し、二度の世界大戦で損害を被ることもなく、海外から多くの労働移民を受け入れ、繁栄した。しかし、近代化・都市化の一方で大土地所有制は植民地時代以上に進み、贅《ぜい》の限りを尽くす一部の支配者層と大多数の労働者層に社会が二極化。支配者層が享楽的な生活に溺れ、公共の富よりも個人の利益を優先した結果、教育や福祉はおろそかにされる。社会的不平等に対する大衆の不満は募り、労働者や学生らによるストライキが頻発した。
そんな情勢下で登場したのが、軍人出身のファン・ドミンゴ・ペロン（一八九五〜七四）だった。カリスマ女優のエビータことエバと再婚、労働条件の改善を謳って大衆の心を摑み、一九四六年大統領選に圧勝。このときの支持母体アルゼンチン労働党が、ペロン主義者の公認政党・正義党のもとになる。国家による天然資源の開発と公共事業の振興を提唱し、基幹産業を国営化する一方、新憲法に労働三権を盛り込み、労働者の権利を保障するなど、支配層と労働者層双方に迎合する政策をとった。また、反対派に対する弾圧を強め、新聞各社を政府の監督下に置き、言論統制を敷くなど、独裁色も濃かった。

再選を禁じた憲法を修正して五二年に二期目に入るが、慈善事業で政権安定に貢献してきた妻のエバが死亡、経済政策の失敗もあってペロンの人気は急落、五五年の軍事クーデターで失脚し、スペインへと亡命する。

ペロン不在の間、軍政崩壊と民政復活、再びクーデターとめまぐるしく体制が変わり、左派ゲリラの活動が活発化する。支配層と労働者層という、もともと主義主張の相反するペロンの支持者（ペロニスタ）は、右派と左派に分かれて抗争を激化。なかにはテロ行為も辞さないゲリラ組織もあった。

七三年に請われて帰国したペロンは、大統領選に勝利して三期目に入るが、翌年心臓発作で急死する。

政権は副大統領だった後妻のイサベルが引き継ぐが、破綻した経済を立て直すどころか失策が相次ぎ、ゲリラ対策と称して極右民兵組織ＡＡＡ（アルゼンチン反共産主義同盟）による反対派の粛清を断行する。そんなイサベル・ペロン政権への反感は高まり、七六年のクーデターを招き、卑劣極まりない軍事政権が幕開けする結果となった。

＊2　マファルダ：一九六〇 - 七〇年代アルゼンチンで一世を風靡した、風刺漫画家ＱＵＩＮＯ（キノ）の人気漫画シリーズ。ラテンアメリカのみならず欧米でも人気を博し、一九七六年ユニセ

フ「子どもの権利条約」の宣伝キャラクターに使われるなど、今もなお世界じゅうで愛されている。スサニータは主人公マファルダの友達の一人。差別主義者で貧者に冷酷、仲間内でも煙たがられる存在。自由で新しい感覚を持ったマファルダの対極にある、古い価値観の典型として描かれている。

＊3　五月広場の空爆：一九五五年六月十六日に発生した、反ペロン主義者によるクーデター未遂事件。保守・旧新・社会党の民兵、カトリック系団体、空軍、海軍の一部が大統領府を襲撃。撃退されたが、空陸双方からの攻撃で、大統領府前の五月広場にいた市民が巻き添えになり、死者三六四人、負傷者数百人を出した。

＊4　黒髪：アルゼンチン特有の差別用語。黒髪で肌の色が濃いのは移民や労働者階級に多いことから、ペロン支持の労働者層をあざけった言葉。

# 第27章　アラブ対イスラエル、その他の対立について

ラビ　一般的にアラブ・イスラエル間の対立と言われるときは、ごく最近の情勢ばかりが語られ、歴史的な経緯は完全に脇に追いやられている感があります。

もちろん日増しにエスカレートする暴力行為はすぐにでも止めるべきです。エジプトのサダト大統領が一九七七年にイスラエルを電撃訪問した際に、「大いに議論をしましょう。これ以上戦争はないのですから」と言ったように。武器の音は止むべきで、互いに平和な共存を目指して奮闘すべきなのですが、残念なことにそうはなっていません。

テロの犠牲になった者たちに涙するイスラエル人、劣悪な環境での暮らしを強いられるガザ地区のパレスチナ人……その状況さえも、自分たちの利権に利用する者たちがいる。対立を利用する者たちにとっては、人の命より国際市場における原油価格のほうが重要で、日々あさましい計算をしているのです。石油の利益は、紛争を維持し激化させる原理主義者たちにも使われます。シリアやレバノンへの影響力を保ちたいイランは紛争を必要としており、そのためヒズボラやハマスを支援しています。ペルシャ帝国の再建を夢見、シーア派を復権させ、アヤト

ラによる神権政治を受け入れない者たちを屈服させたいのです。

イスラエルで「シャローム・アクシャブ」、ピース・ナウと呼ばれる大規模な平和運動が起こった時期がありました。残念なことに相手側では同様の動きは見られませんでした。二〇万人のパレスチナ人が集まって「平和を」と叫ぶ光景は見られなかったのです。

二〇〇〇年のキャンプ・デービッド会談でバラク首相がアラファト議長と会談したときも、パレスチナ側の要求を受け入れるつもりで、エルサレムの一部さえ譲る用意ができていたと文書に残っています。バラク首相にとってはかなり危険な試みでした。イスラエルの右派や多くのユダヤ人にとって、エルサレムは唯一で分割できないものですから。

アラブ人はメッカの方角を、われわれユダヤ人はエルサレムを見て祈りを捧げる。平和のためにエルサレムの一部をパレスチナ側が管理する。そんな筋書きまで用意されていた。にもかかわらず、アラファトは要求のみを続け、結局何も得られなかった。イスラエルに戻ったバラクは、平和への道筋が達成できなかったことでその後、辞任せざるをえなくなった。一方アラファトは英雄として迎えられた。

パレスチナ人がいるのだから、パレスチナ国家は認められるべきです。それが実現した暁には、神が民主国家にしてくれることを願いますが、イスラエルはようやく真の対話の相手が得られるでしょう。

ユダヤの人々にとって、何よりも尊いのは平和です。「イザヤ書」一九章は非常に印象的な終わり方をします。《その日、イスラエルはエジプトとアッシリアと並んで、第三のものとなり、大地の真ん中で祝福を受ける。万軍の主は祝福して言われる。「わたしの民エジプト、わたしの手でつくったアッシリア、わたしのものである民イスラエルに祝福があるように」》。エジプトとイスラエル、アッシリアのあいだで協定がなされる。アッシリアとは、今の時代になぞらえるとシリアになるのでしょうが、そんな時が訪れると語られている。議論の段階を早く脱し、卑しい政治を崇高な思いに移し替えていかねばなりません。

いまだに宗教の概念を歪曲し、悪い形で持ち出す例は多く見受けられます。神の名のもとに人を殺すことは、これまでのわれわれのやりとりで散々話題に上りました。神の名のもとに残虐行為が幾度となく犯された。先ほどのあなたの例では、一九五五年にキリストの名のもとに五月広場で人々が殺された。そして今また中東で、神の名のもとに殺し合いが行なわれている。そんな状況は、相手の持っているパンのかけらを奪う気も、相手のよい暮らしを破壊する気もなくなって、双方に崇高な姿勢が芽生えて初めて反転するものです。

いっそガザ地区を中東の香港にしたらいい。人々が本当に快適に暮らせる場所に変えればいい。何よりも大切なのは一人一人の生活です。パレスチナ人にもユダヤ人にも同じように暮らす権利はあります。だからこそ、パレスチナ側も理解しなければいけません。ここで言うパレスチナ側とは、相手を破壊するのが偉業、後世に名を残せると勘違いしている一部の指導者たちのことで、一般市民ではありません。過激主義はどれも悪であり、世界を操っていると錯覚する人物はみな有害です。

神はなぜこの地球を丸く創られたのか、とよく自問するのですが、その答えは、球体の表面上ではどの点も等しい、特別な点は一切存在しないからではないかと思います。

**教皇**　政治情勢から始まった話が、人間関係についての思慮深い話になりましたね。話を聞きながら、つい先日ある人とした会話を思い出しました。私より年上で非常に高い精神性を備えた人物ですが、生涯を振り返って家族関係がうまく行っていなかったこと、その問題を解消できなかったのを悔み、「解決への道筋が見出だせなかったのかもしれんが、私の人生における汚点の一つですよ」と漏らしていました。

人間関係の問題は、解決策を見出だす手助けのできる人物がいるかどうかで大きく変わります。目の前に問題という名の山が立ちはだかると、当人は見通しがきかなくなるもの。そこで代わりに見て、「こっちのほうがいい。あっちを試したらどうだ?」と助言する者が必要となるのです。

人間関係で行き詰まると、私は初期キリスト教時代のエジプトの修道士たちが使っていたやり方を応用するようにしています。簡単に説明すると、相手を非難するのではなく、自身を省みて何が機能していないかを探り、解決の糸口を見出だすのです。私も同じように、自分のなかで何がうまくいっていないかを客観的に眺めます。そうすることで、相手の欠点を赦《ゆる》せる寛容さがもたらされる。こちらも問題を抱えているという点ではお互いさまで、相手の過ちを必要以上に持ち出すこともなくなります。

　民族間の協調は、双方が解決への道を模索するなかで生まれてくるものです。あなたの意見の後ろにあるのは、そのことではないかと感じました。それこそが敵対心を和らげる方法ではないでしょうか。


**ラビ**　現代は文化的に見てマスメディアの影響が際立つ時代ですが、あらゆるテーマを名門チーム、リーベルとボカの試合のように、何でもかんでも対立させて論じる風潮にはいら立ちを覚えます。ものごとは簡単に白黒つけられるものではなく、考えている以上に複雑です。ところが、狂信的な者たちは表面だけをすくいとり、誤った根拠を振りかざす。相手の感情をあるか萎《な》えさせ、不満を解消するためだけにやっている。

　政治や社会問題を考察した本も出版されてはいますが、専門用語だらけだったり、妙に哲学的すぎたりして、読者の心に響かない。自分の立場をはっきりさせるのに知識を使う人は多くても、真理の探究に不可欠な節度が欠けている。謙虚な姿勢が身について初めてなされるものですからね。

　パレスチナとイスラエルの対立についても、メディアは単純化して報道しがちです。

**教皇**　ものごとに白黒、善悪をつけたがる姿勢は、概して調和よりも対立を重視する、言うなれば罪ある傾向です。今、謙虚さについて触れていましたが、まさに謙虚さは双方が折り合いをつけるための地ならしをするもの。逆に対立をあおるのはその道のりを妨げるものです。

神の心は相互理解の道に現れる。ヘンデルが『メサイア』の冒頭でみごとに表現しています。美しいバリトンが歌う「イザヤ書」四〇章《すべての谷は埋め立てられ、すべての山は低くなる。盛り上がった地は平地に、険しい地は平野となる。このようにして主の栄光が現され、すべての者がともにこれを見る》。道を整えるとは、調和に向かう表れです。

メディアについては、白黒を告げたがる人や対立を優先する人に影響を与えかねない。しかも近頃では自分たちに都合のよい部分だけを選んで、あたかも事実であるかのように報じる。他の部分は報道しない、伏せる行為がいかに害を与えるか、対立を助長するかを、真剣に考え直してもらいたい。朝、新聞を五紙買って読むと、同じニュースをそれぞれが好みの部分だけ取り出して報じている。そんなのは日常茶飯事ですからね。

**ラビ**　対立について考えてみたのですが……フロイトを読んだとき、確か人間は対立を解決すべきだという話のところで、その解決の仕方によって後の行動が決定づけられるという説明があり、妙に納得したのを思い出しました。

医師にはある程度の暴力性がないと務まらない。メスを握っての手術、注射を打つのも、採血も、考えてみれば内に潜む暴力的な部分があるからできること。何が違うかというと、それをプラスの方向に昇華している点です。

破壊的な感情や暴力的な部分を各自どのようにコントロールしているかを分析してみてもいいでしょう。フロイトの発見ではなく、二千年前にラビが著した文献に書かれていることですが、われわれ人間には善と悪それぞれの本能があって、マイナス面の本能をコントロールしてプラスに転じさせられるかどうかが重要であると言います。

紛争が今述べたような形で解決しない。それは、今の社会がマイナス面をプラスに転じさせようとしない表れなのかもしれません。謙虚さが欠けているとも言えます。モーセは名だたる預言者のなかでも突出した人物になりました。さまざまな要因が挙げられますが、その一番の理由は誰よりも謙虚であったことに尽きると思います。

**教皇**　対立は聖書の冒頭から登場しますね。楽園を追放されたアダムとエバ、カインとアベルの惨劇、バベルの塔、リベカとエサウとヤコブ……イエスの生涯でさえ、弟子たちに始終煩わされていた。これは宗教的な生活には対立がつきもので、対立や葛藤を真剣にとらえなければ聖書や神の啓示は理解できないということではないか。

ここで鍵となるのは、神の言葉に従って、いかに対立を解決するかです。どう考えても解決への道のりが戦争であるはずがない。仮に緊張状態にあるのが一方だけだとしても、いずれもう一方にも影響が及びますから。かと言って、両極にあるものをいきなり一つにまとめて軋轢《あつれき》を生み出しても将来的には好ましくない。両極の緊張状態は、より広い視野、高いところから眺めて考える。どちらかが自分の極に寄せようとするのではなく、新たな極に向けて双方が協力する。新たな極には双方とも将来性のあるものを置き、どちらも責任を負うことで発展していく。一方が吸収するでもなく、無理やり共存するのでもない、新たなまとまり。遺伝子情報を見れば、それが人類の進歩する形であるのは明らかです。

対立からはじき出される真の教えは、解決の手段を模索する勇気と大胆さを持つことではないでしょうか。両者の将来性のある部分を合わせて一つのまとまりを作っていく。これは個人単位でも社会単位でも同じです。

ルター派の神学者、オスカー・クルマンがキリスト教のさまざまな教派を一つにするにはどうしたらよいかを論じています。最初の時点からみなが一致するのを求めたりせずに、違いを認めたうえで和解し、共に歩むことを模索する。キリスト教の教派同士の対立を、共に歩み、一緒に活動し、祈りを捧げることで解決していく。互いに石を投げ合うのではなく、共に歩む。それぞれの慣習を捨てることなく、互いのよい部分を生かしながら、諸教混交に陥らずに対立を緩和していく。一人一人が自分のアイデンティティーを保ったうえでの和解、真の連帯を求める姿勢です。

ラビ　人間は闘争的な存在で、偉大さも卑しさもそこにあります。人間には天使のように純真な部分と動物のように野蛮な部分がある、とタルムードでも言っています。天使は完全に霊的な存在ゆえに自由意志を持たず、神の命令を果たすと言われます。一方、人間には自由意志が備わっているが、動物的なところもある、それでいて霊的な存在でもある。それゆえに人間のあいだではたびたび対立が生じるのでしょう。

# 第28章　宗教間の対話について

**ラビ**　だいぶ前にマル・デル・プラタの司祭と話したとき、わが国の祝祭行事にはすべての宗教が参加しているわけではない、それが伝統ならば変えるべきだと言っていました。以来、その言葉が私の頭に引っかかっています。

**教皇**　覚えているかどうかわかりませんが、私が大司教としてテ・デウムを行なうようになった当初、あなたがた他の宗教・教派の宗教家が陳列棚の人形のように並んでいる前を、私と教皇大使が大統領をエスコートして歩きました。

その慣習を変えて、大統領自ら登壇し、参列の各宗教家に挨拶する形にしました。あなたが述べた件の第一歩といったところです。二〇〇九年サルタでのテ・デウムからは儀式を二つに分け、従来の神への感謝の歌や音楽、説教や祈りだけでなく、参加している各宗教の代表者たちの祈りも取り入れました。

**ラビ**　その試みは非常に価値ある、宗教間の対話を重視する姿勢の表れだと思います。

**教皇**　あなたからの影響が大ですよ。シナゴーグで祈りを捧げ、説教をするのに二度も私を呼んでくれた。そこで私も神学生たちに価値観について話してもらおうと、あなたを招いたわけですが。

**ラビ**　あなたの行動は勇気ある、大いに意義あるものだったと思います。同じ宗教団体のなかですら、必ずしもみながみな賛成するものではありませんからね。

**教皇**　プロテスタントの集会に初めて招かれたときのことです。会場となったルナ・パークは満員。軽い昼食の休憩を挟んで、カトリック司祭とプロテスタント牧師がそれぞれ説教をしました。

集会の途中で、プロテスタントの牧師が会場に向かって、私と私の職務のために祈りを求めました。受け入れてくれるかどうかをわざわざ私に尋ねたうえでです。もちろん拒む理由はありません。七千人もの人々が一斉に祈り始めた瞬間、カトリック教徒の習性で、私は祈りと祝福を受けるのにごく自然にひざまずいたのです。

するると翌週、それを某誌が「ブエノスアイレス大司教区は空位。大司教自ら背教の罪を犯した」との見出しで報じました。彼らの目には、プロテスタントと共に祈るだけで背教行為に映るらしい。

たとえ相手が不可知論者でも、世界の神秘という観点から一緒に空を見上げ、超越したものを眺めることはできます。それぞれの慣習に則って祈ればいいだけのことなのに、なぜそれが問題になるのでしょう?

**ラビ**　私の親友でかなり年上でしたが、心から尊敬しているラビ、故シュムエル・アビドール・ハコーエン。イスラエルの平和運動ピース・ナウの創始者の一人で、あらゆる意味で革命的な人物でした。そのシュムエルが伝説的なラビ、アブラハム・イサク・クックの伝記を出しているのですが、そのなかで、二十世紀の前半にキブツを建設し、立ち上げた者たちはみな伝統から離れた者たちだった。にもかかわらず、信仰心に満ちた行動を示した。それというのも、まだトルコ人が支配し、沼地だった頃にイスラエルの地に戻った人々だったからだと書いています。

ラビ・クックにとって、ヨーロッパのユダヤ人が拒んだ畑仕事、大地を耕す誇りを取り戻すことが宗教行為だった。あなたがプロテスタント信者の前でひざまずいた行為もそれと同じではないか。いずれも流れに逆らった生き方をしているという点でも共通してくると思います。

ちなみにシュムエルの本のタイトルは『流れに逆らう男』です。

そういった観点からも、あなたが行なっている改革は高く評価できます。テ・デウムで大統領がすべての宗教家に挨拶をすること、異なった宗教の代表者が説教をすること。長い伝統を持つ組織のなかでそのような改革をするのは容易ではありません。だからこそ古い悪循環を断ち切ろうとするあなたの姿勢を祝福したい。それがわれわれの仕事であり、挑戦でもあります。

# 第29章　宗教の未来について

**ラビ**　人生の意義を深く追究するのが宗教だと捉えれば、宗教にはつねに未来があると言えます。同時に宗教は内省や神との出会いがもたらす結果でもあります。実在が不可思議なものでありつづけ、この世界をつかさどる何らかの秩序があるのかと人間が問いつづける限り、宗教の理念も存在しつづけるでしょう。人間の問いかけは永遠に続くと私は思っています。自分は何者なのか？　結局その答えを見出だそうとする試みは終わらない。答えが出ないゆえに、人間は神に一層近づきたいと願う。本質的に神は謎に満ちたままです。

では、未来における宗教はどうなるか？　人間が今後も宗教行為を続けていくのは変わらないでしょうが、問題はどのように組織化され、実践されるかということです。最大の問いはこれまでどおりの形を保っていくのか、伝統を保ちつつも発展しつづけていくのかどうかです。実際、さまざまな面で新たな流れが見られます。

**教皇**　それに近い話を聖アウグスティヌスが述べています。≪神よ、あなたはご自身のために私たちをお造りになりました。それゆえにあなたのもとに帰るまでは、私たちの心が安らぐことはないでしょう》。この祈りのなかで最も重要なのは、安らぐことはないという言葉です。自分の感じることに思慮深く、正直でありたいと願うとき、あなたが指摘したように、人は超越的なもの、つまり神との出会いを切望し、心が落ち着かなくなります。ところが、神との出会いを感じるようになると、今度は別のものを求めるようになり……という具合に、人生の探求は尽きることなく、ますます深みを増していきます。その落ち着きのなさを、われわれが内に宿した神の息吹き、神がわれわれのなかに残したしるしと捉えることもできると思います。

神の声など聞いたことがない人々、また反宗教的な姿勢を貫いてきた人々が突然、何か不可思議なものと出くわすことはよくあります。いずれにせよ、人間の内にその落ち着きのなさが存在する限り、宗教は存在しつづけるでしょうから、そういった人たちが何らかの形で神とつながることもあるでしょう。宗教を表す religión は、探求によって神とのつながりを受け入れることを意味します。儀式ばかりに偏った、実のない宗教は消滅する運命にあります。形だけで肝心の中身は空なのですから当然です。

宗教が存在しつづけるという意見には同感です。何と言っても、落ち着きのなさは人間に備わった性質の一つですからね。また、将来的にどのような形をとっていくかについては、注視していく必要があります。あなたはどのように予想しますか?

**ラビ**　正直なところ、予想は難しいですね。ただ聖書の物語を振り返ると、アブラハム、モーセ、預言者たち……と個人から始まっています。彼らは神に近づき、神は彼らに対し民衆のもとへ行くよう告げる。神となされた対話は共同体に反映されるべきだからです。

発端となった個人的な対話が、日常的な暮らしのなかで他の考えと混ざり合い、結果的に好ましいやりとりになったと思うのです。日々の生活で表現されない宗教だと、単なる哲学じみた遊びにとどまってしまいますからね。ユダヤ教の考え方では、宗教とはいかに人生を生きるかに尽きます。ちょうどトーラーが〝神の目から見てよい行ない、正しい行ないをせよ〟と言うように。ところが、霊的な事柄を現実の暮らしに応用しようとした途端、さまざまな思惑や利害が持ち上がってくる。思惑自体は構わないのですが、それが純粋でなかったり、気高くなかったりした場合には、たちまち宗教的な経験はゆがめられることになる。

そのことを踏まえると、宗教の未来を語るとは、人間の未来、ひいては人間の歴史の先にあるものを語ることだと考えます。具体的には政治的、社会的な展望ではないでしょうか？

キリスト教徒の友人のなかには、教区単位での活動に立ち返るのではないかと言う人がいます。私も同じ考えです。ピラミッド型の巨大組織ではなく、いくつもの小さな共同体の集まりのなかで、各自が霊的な成長を目指す。自立の色が濃い、より成熟した形になるのではないか。大集団ではなく家族単位の小グループなら、個々の役割も成果も明確になりますし、各グループの独立性を保ちつつ、同じ宗教内の別のグループと連携して大きなプロジェクト、たとえば社会福祉事業などを進めていくこともできます。

別件ですが、ヨーロッパでは自分のアイデンティティーをたどる人が増えているそうです。しかも中世どころか紀元前までさかのぼるというから実に興味深い。未来を見るのではなく、自分のルーツを探る。今後ヨーロッパ人の宗教的な部分にどのような影響を及ぼすのか、気になるところではあります。

ラテンアメリカでのユダヤ教について言えば、右派と左派それぞれが活性化して中道路線が消滅した感があります。現在の状況が今後どう反映されて行くのか、正直私にも分かりません。こんなときは、隣人であるカトリック教会がどうなっているかに注目します。宗教上の現象は並行して起こっていることが多いですから。傍から見ると、深刻な問題に直面し、自分たちを満足させない中央集権の権威から離れようとしている者が多くいるようですね。

フランス革命以降、また分裂して民族主義に戻る。大帝国を築こうとする試みは遅かれ早かれほころびを見せる。総崩れの例はあちこちに見受けられます。ユーゴスラビアなどもその一つです。各自がアイデンティティーに目覚めるという観点から考えると、教区単位の活動を重視する方向に行くのは十分納得できます。

では、この新たな現実の延長でわれわれは平和に漕ぎつけられるか、少なくとも争いがない状態まで持ち込めるかとなると、予測はできません。私利私欲を優先させるようだと、実現はほど遠い。しかしながら、預言者の言葉にならえば、さもしい打算よりも対話が勝る状況下で、大なり小なり教区や共同体を尊重できれば、宗教は繁栄するでしょう。

**教皇**　歴史に目を向ければ、カトリック信仰がさまざまな変遷を経てきたのが分かります。たとえば、時の政治権力と宗教が一つになった教皇領。これなどはゆがんだキリスト教の形で、イエスが望んだものとも神が望んだものとも大きくかけ離れています。

長い歴史のなかで宗教が多大な発展を遂げてきたと仮定するなら、将来的にもその時代の文化に適応した形になる可能性は否定できません。宗教と文化の対話は、大きな鍵となるもので、すでに第二バチカン公会議で着手されています。

当初からカトリック教会には持続的な改革が求められ、根幹である教義は保ったまま、時代の流れに沿った変化をしてきました。ですから将来、新たな時代に適応するために、何らかの変化が起こっても不思議ではありません。今の時代が、帝王教権主義や教会裁治権主義、絶対主義とはまったく違うのを見れば明らかです。

ラビ、あなたは宗教は共同体単位になるのではないかと述べていましたが、まさにそれが鍵です。人が宗教的に帰属する場として小さな共同体が好まれる傾向はあります。アイデンティティーを探す者に対する答えもそこにあるような気がしますね。私は〇〇を信仰している、私はこの地区の出身だ、私はこのクラブに所属している、私は〇〇家の出だ……と宗教面だけでなく文化面でも、自分が帰属する場所として、自分のアイデンティティーを認識できるのではないでしょうか。

そもそもキリスト教は当初、共同体単位だったのです。「使徒行伝」を読めば、キリスト教がいかに急速に拡大したかがわかります。ペテロの最初の布教活動では三千人に洗礼を施していて、その後、彼らがそれぞれ小さな共同体を形成していきました。問題になるのは、共同体そのものの命が薄れたとき、さらに上の組織に組み込まれたときです。教区に命を与えるのは、一人一人のそこに帰属しているという意識なのです。

ラビ、あなたのユダヤ共同体に出向いたときのことを思い出します。シナゴーグで社会事業に携わっている女性たちを紹介してくれましたね。貧困家庭に配る食糧等の包みや袋を用意しているところでした。シナゴーグ、あるいは教区教会が隣人の世話をする。宗教的な教えが行動に変わった瞬間です。この場合は社会福祉になりますが、教育や何かの運動の促進ということもあるでしょう。

この手の活動は、宗教団体が余計なことに首を突っ込むと非難される場合もあります。例を挙げるとつい先日、コンスティトゥシオン駅前で人身売買や不法就労の犠牲者たちのミサを行ないました。劣悪な環境で働かされる工場労働者、搾取される段ボール回収者、麻薬の運び屋をさせられる少年、売春を強いられる女性などあらゆる人が集合しました。カトリック信者でない人々まで加わって、ミサが大規模な抗議集会になりました。信者ではないが、隣人への愛を共有している人たちが参加してくれたのです。

私は政治に介入してはいません。工場で奴隷のように働かされた兄弟たち、不幸にも命を落とした兄弟たちの肉体に肩入れしているのです。確かに、そういった機会を政治的に利用したがる者も出てきますから、どう行動するかには注意しなければなりませんが。

**ラビ**　「イザヤ書」で《あなたの兄弟が裸でいるのに、見て見ぬふりをするな》と言っているように（五八章七節）。

**教皇**　私は《あなたの兄弟の裸を恥ずかしく思うな》という訳もよく引用します。宗教的な関係に伴うのは合意であって、逃避であってはなりません。一時期〝この世からの逃避〟〔ラテン語で fuga mundi 隠遁を意味する〕と呼ばれる考え方がカトリック信仰に蔓延《まんえん》したこともありますが、それは過去の話で、現在は違います。社会と関わる必要があります。ただし、つねに宗教体験を基にしての関わりです。

ある宗教で起こっている現象は他の宗教でも起こっていることが多いと言われましたが、霊的なものがイデオロギーと融合した場合には事態が深刻化します。宗教体験そのものから得られる力が失われてしまい、その隙間を埋めるために別の思想を取り入れかねない。

もう一つ危険なこととしては、慈善事業のための慈善行為になることが挙げられます。宗教体験をないがしろにして、NGO団体のような活動になることです。自分たちでも気づかぬうちに、いつのまにかNGO団体に向かっている宗教団体や共同体が少なくない。隣人を助けるため、あれをすればいい、これをすればいいという問題だけではありません。どう祈るか？　自分のいる共同体が神の体験に関わるには、どのようにすればいいか？　そういった事柄が本質的な問題なのです。

**ラビ**　ここ何十年かのユダヤ人社会を回想すれば、四十年ほど前にはアルゼンチンでも共同体中心の色が濃く出ていたと思います。六〇年代終わり頃には、ユダヤ文化を伝える学校のネットワークもありました。シオニスト青年運動の活動も盛んで、ヘブライ語やユダヤの歴史、伝統などを教えていましたが、宗教面での大きな発展はなかった。そんななかで保守派運動[*1]が始まり、シナゴーグは祈りの場と同時に、子どもたちの活動の場であるという見方が始まりました。困窮者への支援活動なども大々的に行なえる場でもあります。

将来を見すえるうえで重要なことを一つ付け加えたいと思います。今よりも深いレベルの宗教を目指すのなら、宗教指導者にはさらなる謙虚さが求められます。大人が子どもに、自身の信仰を明確に伝え、同じ信仰を受け継ぎ、より完璧にしていってほしいと希望するのは構いません。ですが、他の宗教を見下し、自分の宗教だけが真理を表すとする態度は間違っています。われわれが真の謙虚さをもって行動すれば、今の社会の現実も変えられるはずです。《正義を行ない、慈しみを愛し、へりくだって神と共に歩む》のが宗教家であると、預言者ミカが述べています（ミカ書六章八節）。

＊1　保守派運動：ユダヤ教の流れの一つ。保守派という名で誤解されやすいが、旧来の伝統を重んじ守っていくというより、社会活動や文化・政治面などで革新的な試みを行なうことである。〝正統派運動〟がおもに宗教的戒律の不変性を教示する右寄りの派である一方、〝改革派運動〟は規範を重視しつつも革新的な立場をとる。〝保守派運動〟は両者の中間に位置すると言える。ユダヤ教の神学上の掟を遵守する姿勢は変わらないが、時代に沿った解釈や変化は認める立場をとっているのが特徴である。

**教皇**　謙虚さについては私も全面的に賛成ですね。私としてはそこに〝従順さ〟という言葉をつけ加えたい。それは弱さを意味しません。宗教指導者は強固な精神の持ち主で、毅然《きぜん》としていてもいいが、攻撃的であってはならない。《治める人は仕える人のようでありなさい》とイエスも唱えています（ルカ福音書二二章二五節）。そう考えると、どの宗教どの教派の指導者にも当てはまることと言えます。宗教指導者の真の力は奉仕の精神に尽きると思います。それを忘れた瞬間から、宗教家は単なる経営者かNGO団体の管理者になってしまう。宗教指導者は、兄弟たちと思いを分かち合い、共に苦しみながら彼らに仕えていくべきです。

**ラビ**　本当にそのとおりだと思います。宗教が今後どうなっていくのかは分かりませんが、現在を生きるわれわれ一人一人の行動次第であることだけは確かです。ヴァルター・ベンヤミン[*2]が《私の現在執筆中の本が、今でなくても、向こう百年間のどこかで衝撃を与えるのかもしれない》と言っていたように。

＊2　ヴァルター・ベンヤミン（一八九二～一九四〇）：ドイツ・フランクフルト学派の哲学者で、文芸評論家・社会批評家・翻訳家・社会学者。第二次大戦中にナチスの追跡から逃亡中、フランスとスペインの国境の町ポルトボウで服毒自殺したとされている（暗殺説もあり）。

**教皇**　宗教にとって現在よりもはるかに悪い時代もあったのは事実ですが、それでも苦境を脱してきました。現在、宗教家の後継者が不足していると指摘されますが、過去には、数はいても高潔さに欠ける時代がありました。たとえば長子相続が機能していた頃、富裕層の子どもを指導して多大な恩恵を得る聖職者もいたのです。神父の仕事をしないのだから、権威も何もかも失墜《しっつい》して当然です。

そんな時期を経ても、なお宗教は息を吹き返し、そうこうするうち、マザー・テレサのような人物が現れ、死にゆく人々に寄り添うことで人間の尊厳を世界に知らしめました。自分の時間をそのために費やすのは同時に失うことでもありますが、彼女の行為が人々に純粋な思いを呼び覚まし、新たな宗教観をもたらしました。

カトリック教会の歴史における真の改革者は聖者です。実の伴った改革を率先し、変化をもたらし、組織の体質を改善して前進させ、信仰の道をよみがえらせてきたのは、ほかならぬ聖人たちです。

もう一つ重要な例があります。市民ばかりか教会までもが権力をひけらかし、虚栄心にまみれ、贅沢《ぜいたく》な暮らしをしていた時代に、キリスト教に貧しさについて完全なる概念をもたらしたのは、アッシジの聖フランチェスコ。清貧を貫く姿勢は歴史を変え、今なお多大な影響を与えています。

ユダヤ教でも同様の人物がいると思いますが、どのような形で現れてきたのですか？

**ラビ**　身近なところでは、やはりマーシャル・メイヤーでしょう。アルゼンチンのユダヤ共同体内でもさまざまな批判があるとはいえ、彼の出現で流れが大きく変わった事実は否めません。ユダヤ教では特定の人物を神聖化しないので、聖人とは言えませんが。

彼の活動が完璧だったとは思いませんし、非難する人の気持ちもある程度理解できます。とはいえ、七〇年代以降、この国のユダヤ共同体が繁栄した一番の立役者は、紛れもなくメイヤーです。その強い信念、信仰心を否定する者はいません。彼が与えた影響は誰もが認めるところですし、軍政時代に果敢にも人権擁護の姿勢を貫いただけでなく、他宗教も含めた隣人たちとの関係を築いた点でも、一人一人の心に変革をもたらしたと言えます。

その後、特にここ二十年ほどのあいだに別の変化があり、以前よりも正統派の色が強くなって宗教面を重んじる方向に傾いています。私自身はその風潮に賛成ではありませんが、厳格な路線に戻ることは、三、四十年前にはとても予想できなかったことです。

ポーランド出身のジグムント・バウマン。現代社会の実情を細かく分析し、〃液状化する現代〃という言葉を造り出した著名な社会学者ですが、今の世のなかには確実性や約束が欠けていると言っています。正統派の宗教は不確かさがもたらす空白を満たしてくれる。代わりに前に話した例で言えば、両極の片側に大きくぶれる。宗教の未来という観点では、私は両極ではない真ん中の道を模索すべきだと考えます。

《殺してはならない》や《盗んではならない》といった戒律が変わることはありませんが、人の暮らしは活動的なものであり、それゆえに自由だとも言えます。人生における道のりが完璧でない以上、各自が考え、見分けられる能力を身につけねばなりません。

**教皇**　決まりごとばかりを重視し、人間的なものを軽んじる分派は、どの宗教にもあります。朝・昼・晩に祈ることを強制し、それをしなければどうなると脅《おど》すといった低レベルの宗教を実践します。精神面で虐待するため、心の弱い者たちはますます自由がない方向へと追いやられてしまう。そういった分派の特徴は、精神より権力を求めて活動していること。ブエノスアアイレスを見渡してもそんなのだらけです。軽蔑的な意味ではなく、文字どおり異教の町。それぞれに崇拝する神があり、それに反発するかのように、先ほどあなたが触れたような現象も起こってくる。正真正銘のものを探し求めたいと望んでも、その教えが単に規則を守るだけであっては、別の極に向かうだけです。純粋主義は結構だが、そこに宗教的なものはない。

享楽、消費、自己陶酔の風潮がカトリック信仰にも徐々に浸透しているのは事実です。社会全体がそうなっているだけに、宗教的な生き方を目指す者たちにも悪影響を及ぼし、生活そのものが低俗なほうに傾きかねない。私が一番懸念しているのはそのあたりのことです。

私がつねに主張するのは、キリスト教は小さな群れであるべきだということです。福音書でイエスも言っています。キリスト教の共同体が組織を大きくしよう、時の権力になろうと思った途端、宗教の真髄が失われる恐れがある。私が心配しているのはそのことです。

今の社会を見て、昔と比べ宗教人の数が減っていると言う人もいるでしょう。ところが、人々の抱える不安はあまりに大きく、真剣に宗教的なものを求めています。慈悲の精神に基づいた市民活動を通じて神を見出だすのも立派な宗教活動と言えます。その好例が若者たちのあいだで流行しているルハン[*3]への巡礼です。参加者の六〇%はどこの教区にも属していない。なかには生涯でそのときしか教会に足を踏み入れない者もいる。そんな彼らを惹きつけてやまない信仰心の種火があるわけで、けっしてばかにできない宗教現象です。教会に来る人は減っても神との関係は純粋なまま保たれている。宗教的探求は失われてはおらず、むしろ以前より強くなっていると言えそうです。教会の外でさまよっているのですから。そういう人々の力をどう導いていくかが宗教指導者の最大の挑戦ではないかと私は思います。福音の伝道は重要な鍵ですが、改宗をうながしたところで何にもならない。今や司牧活動にもそんなものは含まれていません。教皇ベネディクト一六世が実にみごとに表現していますよ。《教会には魅力を感じてやってくるもので、勧誘によってではない》。証を通じて惹きつけるということです。

＊3　ルハン：ブエノスアイレスの北西六八kmにある町。マリア信仰の聖地として有名。

**ラビ**　基本的にユダヤ教では改宗をうながしたりはしませんが、私が勝手に「内部勧誘」と呼んでいる現象が近年目立っています。ユダヤ教徒でない者をユダヤ教の暮らしに誘うのではなく、正統派の共同体が他派のユダヤ人を勧誘する。話すと長くなるので、先ほどのあなたの話に戻ります。

宗教指導者は、さまざまな人々の集まる集会を統率できるようになってほしい、自発的に生まれる宗教的な活動も引っ張っていけるようになるべきです。まさにそれが未来の宗教の役割ではないでしょうか。宗教指導者が自身の共同体を厳格な規律で管理することではない。それができるのは神だけです。不屈の手と伸ばした腕でイスラエルの民をエジプトから脱出させたのは神です。

ところでマーシャル・メイヤーに戻りますが、彼は保守派運動のなかでも特にカリスマ性の強い指導者でした。そのため、後に続くわれわれは今、彼の路線からなかなか脱却できずに苦しんでいる面もあります。当時、彼の置かれた状況を考えても、前進するにはそれしかなかったのだろうと思いますが、後継者たちの可能性を伸ばす機会を奪う結果になりました。現在のアルゼンチンはその頃と状況が違います。カリスマ的な指導者よりも、細かい配慮ができる指導者のほうが求められている。

私にとって宗教指導者は教師です。だからこそ、不正を前にしたときには断固たる態度で声を上げられる教師であってほしい。宗教性を語る際にも、一人一人に向き合って明確な言葉で接していけるようにすべきでしょう。政治指導者であっても宗教指導者であっても、当人が自画自賛をしたり自己中心ぶりを示したりする姿は見たくありません。

組織を大きくすることだけに力を注いだ新興宗教団体は、惨事に陥る結果になりました。新規の宗教団体が出てきたときには、われわれも細心の注意を払うべきでしょう。新たな霊的メッセージを携えた者が現れた場合、その者を尊重するのも大切ですが、同時にその団体が何をしているのかを分析するのも重要です。宗教組織から課せられたノルマなどが原因で、家庭内で衝突が生じるケースが見られますが、信者を社会や家庭から引き離して、縛りつけることなど許されるはずがありません。

**教皇**　私は新たに宗教的な試みをする者を尊重しますが、そのメッセージが本物であり、時の流れに耐えうるものであることが条件です。一過性のものか、永続するものか。時の試練に生き残ることが、霊性が純粋である何よりの証でしょう。

《完》

# 訳者あとがき

ローマ教皇がユダヤの安息日に、コーシェル（食事規定に則った）料理を囲んでラビと歓談。前代未聞のできごとと騒がれても、教皇フランシスコにとっては客人に対する当然の配慮だ。

「この事実をぜひ世に伝えください。われわれの友情は宗教間対話の前進を示す証拠ですから」

イタリアを訪問中のラビ・スコルカは、宿泊先の聖マルタの家（現教皇が住んでいるバチカン内の宿泊施設）でアルゼンチンの有力紙『ラ・ナシオン』の記者にそう語った。

ラビ・スコルカと教皇フランシスコの出会いは一九九〇年代にさかのぼる。

「五月革命記念日のテ・デウムにユダヤ教徒を代表して出席したのがきっかけで、つき合いが始まり、かれこれ二十年。今や大の親友です」

ラテンアメリカのコミュニケーションの定番である、ひいきのサッカーチームに対する冗談の応酬で意気投合。その後、交流を重ねてきた。国民の大半がカトリック。同時に中南米最大のユダヤ人コミュニティーを抱えるアルゼンチンで、両宗教の代表者による親交の意義は大きい。一対一の関係で終わらず、双方のグループによる共同活動の場を設け、他教派・他宗教にもその輪を広げた。社会を揺るがすような大事件、不正義が行なわれた際には、一致団結して市民に訴える大規模集会を開くなど、事あるごとに連携してきた。

本書『天と地の上で』は、そんな二人の友情の成果である。

「月に二度、顔を合わせては、ありとあらゆる事柄について話し合ったものです」

カトリックの大司教とユダヤのラビの対談集は類を見ず、二〇一〇年刊行当時、本国で高く評価された。二〇一三年三月にベルゴリオの教皇選出が決まるや、「新教皇の考えが一番分かる一冊」と欧米の有識者やジャーナリストのあいだで噂となり、再刊直後、各国語に翻訳された。また、教皇フランシスコが一切修正を加えないことを条件に再刊を許可したと報じられると、「教皇になっても大司教時代の発言は変わらない」という姿勢の表れだと称賛が高まった。


教皇とのさまざまなエピソードを、ラビは感慨深げに思い出す。

二〇一〇年六月、ベルゴリオの弟が亡くなった際、スコルカは通夜に出席し、悲嘆に暮れる友人に付き添った。いろんな話をするなかで、どうしてベルゴリオがジャーナリストのセルヒオ・ルビンに、インタビュー集『イエズス会士』(邦訳『教皇フランシスコとの対話』新教出版社刊)の序文を自分に依頼するよう頼んだのか、とラビは尋ねてみた。

「心がそう訴えたから」との答えに、スコルカは目頭が熱くなったという。

二〇一二年十月、スコルカは教皇庁立アルゼンチン・カトリック大学から名誉博士号を授与された。中南米のカトリック大学が、カトリック教徒以外の人物に同称号を授与するのは初のことで、第二バチカン公会議開催から五十年の節目でもあり、大きく報じられた。

大学関係者、教皇大使、宗教家、政治家、報道関係者らが多数列席して行なわれた授与式場で、感無量のスコルカに、枢機卿として証書を手渡しながらベルゴリオはささやいた。

「この瞬間を私がどんなに心待ちにしていたか、あなたには想像もつかないでしょう」

驚くラビに、駄目を押して一言。

「私は何もしていませんよ。あなたがふさわしい人物だったということです」


教皇選挙でベルゴリオが選出された際、「どうか彼を助け、肉体的・精神的な強さを倍増してください」と神に祈ったというスコルカは、教皇就任以来、頻繁に書簡をやり取りし、国際的な会合、大学での講演など、機会さえあればバチカンを訪問している。故郷や家族から離れた土地で、重責を担う旧友を励ますためなのか。

「それだけでなく、一緒に霊的課題に挑んでいるのです。どのように平和のメッセージを伝えられるか。どのように自分たちの望むような歴史を刻んでいくことができるか」


教皇フランシスコは二〇一四年五月、聖地訪問を行なった。一九六四年のコンスタンティノープル全地総主教アシナゴラスとローマ教皇パウロ六世の会談（この会談の結果、一〇五四年の相互破門が取り消されることになった）から五十周年になることを記念するためであった。それに加え、イスラエル、パレスチナ、ヨルダンからの招きに応じる形で実現されることになった。五月二十四日朝、ローマを発ち、アンマン、ベツレヘム、テルアビブ、エルサレムを歴訪。各国元首や宗教指導者らと会い、難民キャンプや聖誕教会や嘆きの壁、ヤドヴァシェム（ホロコースト記念館）、聖墳墓教会を巡り、聖職者や信者、パレスチナ難民や障害者らと交流し、二十六日の深夜に帰着するという盛り沢山のスケジュールだった。

コンスタンティノープル全地総主教ヴァルソロメオス一世との共同宣言調印、エルサレムの大ムフティーやラビたちの訪問、エキュメニカルな会合が行なわれた。教皇はこの旅にぜひラビ・スコルカが同行するよう求めた。

「教皇の中東訪問は、平和的対話への大きな助けとなるでしょう」とラビは言う。「互いの聖地を一緒に訪れたからといって、私がユダヤ教徒でなくなることも、彼がキリスト教徒でなくなることもない。二つの霊性には合流点が必要なのです。これ以上、憎しみ合いながら生きるわけにはいかない。橋を架けねばなりません」

パレスチナとイスラエルに和平など、絵空事でしかないように思われるが、スコルカは教皇フランシスコがカトリック教会のみならず、全世界の霊性も変容させたと強調する。たとえば、二〇一三年九月、教皇が世界に向けた「シリアと中東、全世界の平和のための断食と祈りの日」の呼びかけは、強烈なインパクトで国際世論を動かし、米軍のシリア攻撃阻止につながった。政治や武力の駆け引きよりも、ずっと心の奥深くに染みとおる行為だ。

「伝統は違っても、われわれはカトリックとユダヤのあいだに何世紀も存在しなかった対話を成り立たせています。この友情や行動には何らかの形で神が関わっている。というのも、偶然にしてはあまりに多くの一致が起こっているからです」とラビは言う。

「われわれは聖地へ記念撮影に行くのではありません。対話の橋を架けるためのきっかけ作りに行くのです。ただし、言葉だけでなく実の伴った、生き生きとした対話でなければなりません」

それがたやすい使命でないことは、スコルカにも分かっている。

「ヨーロッパには、まだまだわれわれの友情を理解できないキリスト教徒やユダヤ教徒が大勢いて、ショックを受けているようですが」

しかし、彼は確信している。「歴史は政治の駆け引きではなく、行動を通じて作るものです」


二〇一四年二月末、教皇フランシスコは故郷アルゼンチンからの懐かしい顔ぶれと再会した。

「私たちは十五名のユダヤ教徒、十五名のイスラム教徒、十五名のカトリック教徒からなる総勢四十五名の使節団で、五月に教皇が訪問するルートをたどって、政界、宗教界の要人らと会見し、三つの宗教それぞれの聖地を巡ってきました」

そう話すのは、教皇がブエノスアイレス大司教だった頃、大司教区のスポークスマンをしていた、ギジェルモ・マルコだ。グループ内の多くは当時からの知り合いで、宗教・教派を超えた対話の機会を共同で発案し、社会貢献や募金活動を率先して行なってきた面々である。教皇との友情と霊的つながりを示すため、巡礼の旅をローマで締めくくることにしたという。

教皇聖地訪問のスローガンは「みんなの者が一つになるために」（ヨハネ福音書一七・二一）、ロ

ゴのデザインはガリラヤ湖でイエスが最初に声をかけた弟子、ペテロとアンデレ兄弟が船上で抱擁し合う姿をかたどったものだ。（ペテロはローマ教会の、アンデレはコンスタンティノープル教会の守護聖人とみなされている）

教皇フランシスコが聖地にまいた種が、今度はどのように世界規模の広がりを見せるだろう。訪問の成果が期待される。

日本語版の刊行に際しては、編集を担当してくださったミルトス社長の河合一充氏に、多大なるご尽力をいただいた。また、装幀、組版、印刷といった工程で、多くの方々にもお世話になった。この場を借りて厚くお礼申し上げる。

二〇一四年六月二日　八重樫克彦・八重樫由貴子

## ● 著者紹介

**教皇フランシスコ**〔ホルヘ・ベルゴリオ（Jorge Bergoglio）〕

1936年、ブエノスアイレス生まれ。1969年、司祭に叙階。1992年、司教に叙階。1998年、ブエノスアイレス大司教に任命。2001年、枢機卿に任命（名義教会は聖ロベルト・ベラルミーノ教会）。2013年3月13日、ラテンアメリカ初の教皇に選出され、フランシスコを名乗る。

**ラビ・アブラハム・スコルカ**（Abraham Skorka）

1950年、ブエノスアイレス生まれ。ユダヤ教神学校学長、ベネイ・ティクバ・コミュニティ・センター（シナゴーグ）ラビ。聖書学・ラビ文学・ヘブライ法学教授。2012年、教皇庁立アルゼンチン・カトリック大学からユダヤ教のラビとして初の名誉博士号を授与される。

## ● 訳者紹介

**八重樫克彦**（やえがし　かつひこ）

1968年岩手県生まれ。長年、中南米やスペインで暮らし、語学・音楽・文学などを学ぶ。現在、翻訳業に従事。訳書にマルコス・アギニス著『マラーノの武勲』、マリオ・バルガス・リョサ著『チボの狂宴』、マリオ・エスコバル著『教皇フランシスコ』、F. アンブロジェッティ、S. ルビン著『教皇フランシスコとの対話』他多数。

**八重樫由貴子**（やえがし　ゆきこ）

1967年奈良県生まれ。夫・克彦と共に翻訳業に従事。



天と地の上で　教皇とラビの対話

2014年　6月30日　初版発行

著　者　教皇フランシスコ
　　　　ラビ・アブラハム・スコルカ
訳　者　八重樫克彦／由貴子
発行者　河　合　一　充
発行所　株式会社　ミ　ル　ト　ス
〒102-0073　東京都千代田区九段北 1-10-5
九段桜ビル 2F
TEL 03-3288-2200　　FAX 03-3288-2225
振替口座　００１４０-０-１３４０５８
http://myrtos.co.jp　pub@myrtos.co.jp

印刷・製本　日本ハイコム　Printed in Japan　　ISBN 978-4-89586-158-8
定価はカバーに表示してあります。